ちくま学芸文庫

資本論に学ぶ

宇野弘蔵

筑摩書房

目次

資本論に学ぶ

はしがき

戦後は、ときに講演に招かれることもあったが、別に原稿をつくったわけではないので、その当時読んでいた『資本論』について話をすることが多かった。したがって、何を話したかは、今度も、校正がでるまでは、その内容をほとんど憶えていなかった。書物の表題にもとった「資本論に学ぶ」という第一の講演は、『資本論』からそれまでに学んだところを概説することになっている。しかし、第二、第三の講演は、『資本論』の所説に多少疑義をもつことによって、自分の考えをのべたものである。したがって、あまり精確なということはいえない。多くの点で、『資本論』にたいして自分がもっている疑問を率直にのべることを主にしたことになっている。この二つの講演はその直後にそれぞれ論文の形にしたので、精確にはその論文によって検討して欲しい。*

あと、対談のものは、当然ながら私の論文をたねにするものであって、多少論文よりもわかり易くなったかと思う。しかし講演と同様に、不精確な点も免れないことになった。

とくにエンゲルスが社会主義はマルクスの理論によって科学となったといったのを、マルクス主義がそうなったかのようにのべたことについて前に降旗節雄君の注意を受けたが、これは私の誤りであった。今度、校正の際に、これらの誤りは訂正したことをここに明らかにしておく。最後に、河盛好蔵氏との対談は、講演やほかの対談とちがっているが、私にとっては『資本論』についで重要な問題であったので、あえてつけ加えることにした。

ただいま私は、数年来の病気のため校正も十分にできないので、桜井毅、山口重克両君に、校正その他著者としての雑用をすべてまかせることになってしまった。なお、茨城大学の講演については武井邦夫君にお世話になった。その他対談の相手になってくださった諸君には、かなり古いものをかかげることになってご迷惑かと思うが、厚く感謝する次第である。

最後になったが、この書の出版は、石井和夫君のあっせんによるものであることをして、お礼の言葉にしたい。

一九七五年七月二十一日

宇野弘蔵

＊第二、第三の講演に関連する論文はそれぞれ左のとおりである。
「恐慌論の課題」『社会労働研究』（法政大学）第一三巻第四号、一九六七年三月（『宇野弘藏著作集』第四巻所収）
「社会主義と経済学」『思想』一九六五年九月号（『著作集』第一〇巻所収）

資本論に学ぶ

『資本論』の読初め

少し雑談になりますが、私は高等学校へ入ったころは——大正四年ですけれども——法律学をやるつもりだったのです。そのうちに社会主義を多少知りまして、どうしてもマルクスの『資本論』という書物を読んでみたい、という考えが起こりました。そのころは若いからのんきだったのでしょう、高等学校を出て大学へ入るときは、いちおう法科大学に入ったのですけれども、転科が許されたので経済科の方へ変わって、経済学を三年やったのです。しかし、そこでは、ちょうど第一次大戦中だったせいもあって『資本論』を読めもしないし、またそういうことを教えてくれる先生もいなかった。ただ、そのころ研究室には、われわれの大先輩である櫛田民蔵という偉い先生が助手をしていたのですが、これがまたちょっと変わった人で、偉い助手だったのです。同志社の法学部長をやめて東京へでてきたが、職を失っていたので、東大の経済研究室の図書係をしているという偉い先生だったのです。非常に変わった、しかし非常に熱心な先生だった。しかしそういう先生に『資本論』を教わることはできなかったのです。もちろん『資本論』という書物自身をも手に入れることはできなかった。研究室にあることはあったのですけれども、ときどきさわってみるぐらいなところで、なんだかおっかなくてしょうがなかったのです。

ちょうど大正十年、私が大学を卒業したときに、非常に安い『資本論』がたくさん入ってきた。ドイツのインフレーションで、本が安く買えるようになったものだから、ドイツからソヴェトのコミンテルンの文献や、その他いろいろなものが入ってきたのです。その中にカウツキー版ですけれども、『資本論』が入っていた。それでさっそく『資本論』を、第一巻ですけれども、手に入れて机の上に置いたのですが、なかなか読めない。それまでにカウツキーの『資本論解説』という書物が訳されていて、それは私、大学生のときに繰り返し読んだのです。河上肇さんやその他の『資本論入門』も少しずつそのころ出たように思います。

ところで大学を卒業して、私は、大原社会問題研究所というところへ、私の大学時代の先生であった権田保之助という人につれられて、一緒に入ったわけです。ちょうど櫛田民蔵氏も、後に共産党員になった細川嘉六氏も、戦後、文相になっている森戸辰男氏も、それから大内兵衛氏も、みんな大原研究所にいたのです。私も入れてやるという話だったので入ったのですが、なかなか仕事が忙しい。『労働年鑑』の材料を集めたり、いろいろなことがあり、なかには権田さんの手伝いをして浅草の調査をするということもあった。浅草の何の調査をするのかというと、民衆娯楽の調査をするというのです。浅草の映画館へ入って、男が何人、女が何人、二人づれが何人というような計算をするのですが、曜日によってそれがどれぐらい違うかというような、何の意味かちっともわからないのだけれども、権田先生の説によると、こういうゴミためのようなところから真理を発見するのがForschungで、これこそ研究だ、おまえあたり『資本論』を読もうとするのはまだ若いからだ、というふうに、始終叱られていた。しかしこれでは、念願とした『資本論』が読めないということと、ちょっと事情があって、幸運なことにまとまった金が入ったので、途中で大原研究所をやめて、『資本論』を読むために、ドイツへ行くことにしたのです。インフレーションで安いから食えるだろうというわけで、今から四十二、三年前の話ですが、ドイツへ一年半ばかり行って、『資本論』を読んだ。その行っている間にドイツ語訳のレーニンの『帝国主義論』が出たので、『資本論』を読みながら途中で『帝国主義論』も読みました。この二つの書物は今に至るまで私に非常に大きな影響を及ぼした。このまえ朝日新聞で「一冊の本」というのを書けと言われたときには、この二冊を書きたかった。しかしどうしても一冊を書けと言うものですから、『資本論』だけを書いたのですが、あれが二冊書いていいのだったら『帝国主義論』も書きたかったのです。

ことに『資本論』は初め一回読んだときには何のことかわからなかったが、『帝国主義論』は一回読んですぐわかったのです。どうしてそういうふうになったのか、私、今でもちょっとわからないのですけれども、あれはやはり理論の性格が違うためだろうと思うのです。

それで、その当時は私、まだ大学の先生になるつもりはなかったのですけれども、『帝国主義論』の中にあげてある文献なんかを、すぐ本屋でさがして買ったりして、なんとかしてこれをもっと自分のものにしたいと思った。しかし、それにはやはり『資本論』を自分のものにしなければならない、私にとってそれが問題だったのです。

経済政策論を講義する――東北大学――

ところで、日本へ帰ってきますと、大原研究所にはもどれないということになり、急に東北大学に行くことになりました。東北大学はまだ新設で、ちょうど私が行った前年の大正十二年春に法文学部ができたばかりで、文科には有名な阿部次郎先生や哲学の高橋里美先生や、いろいろな偉い人がたくさんいたのですけれども、経済科は教授が一人、助教授が一人でした。私は大正十三年の九月に初めて仙台へ行ったのですが、着いて待っている間に教授会を開いてくれて、採用してやるという、非常に簡単なものでした。しかし、そのころ自分がとにかく読んだと言えるまとまった本といえば『資本論』と『帝国主義論』だけだったのです。非常に乱暴なことなのですけれども、私もなんとかして生活費をもらわなければ困るので、なんでもよろしいから就職したいと思っていた。東北大学の方は、まだできたてで講座が少ないから、商業政策とか工業政策とかを二つに分けてぜいたくにやることはできない。そこで、おまえひとつその二つを一緒にしたようなものを経済政策論としてやってくれないかというので、経済政策論を担当することになった。

初めのうちは、もうどうやって講義をしていいかわからない。まだぼくも非常に若かったのです。今は年寄りだけれども、まだ三十前、二十八、九歳だったのですから、若かったし今よりも元気があったから、一生懸命、経済政策論なるものをどうして講義したらいいか考えた。『資本論』や『帝国主義論』を読んでいて、何か経済政策の名案のようなものを理論的に考え出すというようなことはとうていできないことは大体知っていたのです。しかし、その講義をやる過程が、それから十何年かつづくのですが、といって毎年ノートを変えたわけではないのです。前の年のノートを写してでも、とにかく新しいノートにするというのを原則にしまして、つまり明くる日の講義の用意ができないときには、前の年のを写してでも新しいノートにする。やはり新しいノートにすると、ときには自分の勉強した新しいものが入ってくることもありまして、十何年かかってようやく昭和十一年に『経済政策論』（弘文堂書房）という本を作り上げることができたわけです。『資本論』と『帝国主義論』を基礎に、できるだけ『資本論』を利用して——何事にも『資本論』を利用できればいいわけで——、そういう方法で『資本論』を十何年間、もっともずっと初めから読んだのは一回だけですが、あとは自分の興味があるところを、繰り返し繰り返し読むという方法をとったのです。

そのころから、多少『資本論』について疑問を持っていたのです。しかし疑問を持っているけれども、この疑問はおそらく自分はまだ『資本論』の真髄をつかんでいないからだ、それからまた、一方では、自分はこういうふうに書斎に入って、学校の研究室にいて実践運動をしていないから、おそらくこういう疑問を持つのだろうということを、疑問が生ずるごとに繰り返し繰り返しいつも思っていたのです。その間に『資本論』を何とかして自分に理解できるようなものにしたいというので、戦前にいくつかの『資本論』に関する解説的な論文を書いた。これはあとから読むというと解説にもならないものですが、戦後それを『資本論の研究』（岩波書店、一九四九年）という論文集にして出しました。これはまったく悪戦苦闘の産物であった、自分にもよくわからないことを、なんとかしてわかろうとするのですから。つまり、やさしい自分なりにわかった問題は論文にする必要はないと思うので、自分にどうしてもわからないところを論文に書いて自分のものにしようとしたわけです。

でも、どうも落ちつかない。『資本論』が自分のものになったとは思えないのです。経済政策論をやり、『帝国主義論』を読んでいるということが、おそらくほかの私の友人たちのような『資本論』研究を専門にやっている人と違う点だったかもしれない。あとから考えるとそのような気がするのです。『資本論』を専門にやっている人との違いという点から言えば、私の方が『資本論』の研究では浅いのかもしれないのですけれども、私は『帝国主義論』を常に自分の座右に置く書物として経済政策論を講義しており、『資本論』を利用しているのですから、『資本論』を専門に研究してきた人とはちょっと違いがあるのではないかと、自分であとからは思うのです。それはともかくとして、戦前にはいろいろ疑問を持ちながら、これを疑問として出すことができなかった。いろいろそういう事情があって、自分にはまだこういう能力がないのだというふうに思っていたのです。しかも戦争があって、その間十年たらずの間ですが、『資本論』のそういうアカデミックな研究をする時間というのは奪われて、できなくなった。

「貨幣の必然性」と価値形態論

戦後、昭和二十二年だったかと思いますけれども、河出書房から『評論』という雑誌が出て、その編集長が私のところへきて、雑誌の何か評判になるようないいアイデアはないかと言うので、私が一つアイデアを提供したわけです。それは『資本論』を座談会形式でみんなで論じてもらって、それを雑誌に載せたらどうか。一部の人にとっては聖書のような『資本論』を座談会でやるのですから、けしからんと思う人があるかもしれないけれども、研究会としてならいいのじゃないかということで、雑誌『評論』の主催でその研究会をやることになり、初めの一、二回は私や向坂逸郎君が司会したりしていたのですが、三回目に『資本論』の中の価値形態論をとりあげた。これはちょっとおもしろい。ほかの国々では価値形態論なんかは研究されていないのです。日本では河上肇氏が価値形態論を初めて詳しく研究したと私は思うのですが、こういうことも一つの刺激になっていて、私には価値形態論というのは非常に重要なものだという頭ができていた。

ちょうど昭和五、六年ごろ東北大学にいた当時、〝どうもおまえは論文がなかなか出ないから教授にしてやらぬ〟〝教授にするのには論文を書かなくてはいかぬ〟と言われた。そういう約束はちっともしないで助教授になったのですけれども、仕方がないから、ヒルファディングの『金融資本論』のいちばん初めにある「貨幣の必然性」について考えてみることにした。この「貨幣の必然性」というのは、レニンが『帝国主義論』のいちばん初めに間違いだと書いているのですが、どこが間違っているかということはいっていない。レニンというのは学校の先生ではないものですから、〝どこが間違いですか〟と聞く人がいないのですね、きっと。学生を前に置いて〝ここが間違いだ〟と言ったら、〝どうして間違いか〟ということを聞かれることになるのですけれども、レニンの場合は書きっぱなしで、〝これは間違いだ〟と書いてあるだけで、私ははじめて『帝国主義論』を読んだときから、〝これはどうして間違いなのだろう〟と思いつづけていました。

もっとも私がドイツで『帝国主義論』を手に入れたころには『金融資本論』はまだ買っていなかった。帰る間ぎわになって、ようやく『金融資本論』を手に入れることができた。そしてそれを持って帰ってきていたので、その「貨幣の必然性」のところを、河上さんから教えられて価値形態論をもった私が、よくよく読み返してみると、ヒルファディングは価値形態論というものが全然わかっていない。もっとも、あの書物を書いたヒルファディングというのは三十歳前後ですから、その当時の私とあまりちがってないのですし、むしろ私よりも若いときに書いたものです。後には社会党のたいへんな領袖になったようですけれども、あの書物を書いたときのヒルファディングは三十歳前後です。しかもヒルファディングというのはお医者さんで、大学の医科を出て、それから社会党へ入って経済学をやって、そしてあのたいへんな、ちょっとエポック・メーキングな書物を書いた。しかし、その最初の「貨幣の必然性」というのは、価値形態論がわかっていないのです。それで私は河上さんから教わった『資本論』の価値形態論をもって、ヒルファディングの「貨幣の必然性」を批評したのです。その当時は今日のような考えと違いますけれども、しかしとにかく〝価値形態論を知らないから、こういう誤りをおかすのだ〟という表明をしたのです。もっとも、この論文を書いたけれども教授にはしてくれなかった(笑)。これは少し思想がよろしくないということだろうと思います。文部省が判こを押してくれないのです。東北大学が教授に推薦しても、判こが押されないから教授になれないのです。不思議な制度だと思ったのですけれども、どうもしょうがない。十何年間、文部省は判こをつかなかった。けれども反対はしないのです。おもしろい手ですね。教授の価値がないとは言わないで、ただ判こをつかないのです。なかなかうまい手を使った。〝これはいかん〟と言うと、大学の自治に反するとか言って大学から抗議がくるかもしれないから、知らん顔をしている。総長が何べん言っても、〝はあ、けっこうです〟と言うだけで判こを押さない(笑)。最後の総長は本多光太郎という物理学の先生ですが、その人はもう〝ぜひ自分が解決するから〟と言って、ぼくを本多さんの家へよんでごちそうまでしてくれた。それで、いろいろ私は経済学の話をし、本多さんは第一回の文化勲章をもらった先生ですから物理学や文化勲章の話をしたりしたのですが、その本多さんに対しても文部省は判を押さなかった。だから、その論文は文部省を通過しなかったのかもしれないのです。今みると、あの論文は訂正しなければならない点があるのですけれども、ヒルファディングが価値形態論を知らないということについては、私は今でも間違いないと思うのです。

価値形態論をめぐって

そこで、この『評論』の資本論研究会でも、価値形態論のときに——これはヒルファディングの論文を批評したときには、まだ明確になっていなかったのですけれども——、初めて疑問を出したのです。価値形態論というのは皆さんご存じだろうと思うし、あるいはご存じない人でもお話しすればすぐわかることですけれども、今の値段ですね。この物は金何円であるという場合、円というのは本来は、金の重さなのです。円というのは価値の単位のように間違えられますが、価値を表わすのに、金の一定量の重さで表わす。金の一定量の価値で表わすのではないのです。ちょっとそこの点が価値形態論でおもしろい点で、まあ一人でおもしろいおもしろいと言っているのはおかしいのですが、われわれにとっては〝非常におもしろい〟と言うよりほかに手がない。たとえば『資本論』をご覧になると初めの方にすぐ出てきますけれども、〝リンネル二十ヤールは一着の上着に値する〟というとき、〝一着の上着の価値に値する〟とは言わないで、〝一着の上着に値する〟という。リンネル二十ヤールの価値は一着の上着である、ということです。これを価値形態論というのは明らかにした。なんでもないことですけれども、これはもうノーベル賞どころの話ではない、たいへんなことなのです。商品経済の秘密、貨幣の秘密ですね、〝貨幣とは何か〟ということを明らかにする秘密を、マルクスが初めて明らかにしたものだと言っていいと思うのです。

この価値形態論を論ずる第三回の研究会で、私がこういうことを言ったのです。〝リンネル二十ヤールは一着の上着に値する〟と言ったときに、〝リンネル二十ヤールに所有者がいるのではないか〟ということを言ったのです。〝リンネル二十ヤールは一着の上着に値する〟という、この価値等式だけをマルクスは考察するので、これは〝リンネル二十ヤールを持った人が、一着の上着に値する、と言っている〟ということを意味しているとは書いていないのです。書いていないばかりでなく、私が言うようなことをマルクスは考えていなかったと思うのです。しかし私は、どうもそうではない。価値形態論で〝リンネル二十ヤールは一着の上着に値する〟と言うのはだれが言うのか。マルクスが言うのではないだろう。上着を持っている人が言うのでももちろんない。リンネル二十ヤールを持った人が〝一着の上着に値する〟と言うのではないか。こういう問題も、今はそういう明確な言葉で言っていますけれども、あの研究会の記録を見ると、それほど明確ではないのです。ただ所有者がいるのではないかというので、問題を出したのです。そうしたらぼくの先輩や友人、大内兵衛さん、久留間鮫造さん、そのほかぼくの友人、十何人かいるのが全部反対をした。ぼくは一人でたいへんなことになっちゃって、とうとうその会の速記ができなくなってしまった。

その研究会の記録はいっぺん雑誌に出た後に、『資本論研究』(河出書房、上巻一九四八年、下巻一九四九年)という上下二冊の本になって出版され、この二、三年前にも再刊(至誠堂、一九五八年)しましたが、そこにのっているのは、じつは二回目の速記なのです。だから、ほかの諸君もぼくがそういう問題を出すことを知ってきているのです。初めは知らないできていたから、みんな非常に驚いたわけです。それはどうしてかというと、その次の章の「交換過程」へ行ったときに、マルクスはああいうレトリックをよく使うのですけれども、〝ここで商品の所有者が現われる〟と書いているのです。もっとも価値形態論の中で、もうすでに商品の所有者がちょっと出るのですけれども、扱い方としては、〝リンネル二十ヤールは一着の上着に値する〟というのだけを取っている。だから、リンネルを持っている人が一着の上着に値すると言っているのではない、というふうな言い方を、言いかえればこの価値の表わし方は、もう価値通りに表わしているものだという言い方をマルクスはしている、といえることにもなるのです。

その後、その点がいろいろ問題になったのですけれども、ともかくそういうわけで、私は初めて『資本論』に対して疑問を出していった。

それからもいろいろな議論をやったのですけれども、結局、あの座談会は中途で終わってしまった。もうだいぶやったからというので、会をやめたのです。もっともあの会は、表面に出ているところは資本論研究だけですが、そのあとでごちそうが出るのです。河出書房のおやじさんがお酒を出す。それがどうもみんなの楽しみだったのではないかな、相当ごちそうも食べたから、ひと休みしようというわけで、あの研究会は終わってしまったのでしょう。

『価値論』を書く

それが縁になって、鈴木鴻一郎君から、ぜひ価値論を書いてみないかということをすすめられました。だけれども、ぼくにはどうもマルクスの『資本論』で説かれている価値論というものを、そのまま解説することはとうていできない。どうもいろいろの点に疑問がある。しかし、疑問を直接書くまでに、自分の疑問がちゃんとはっきりしていないので書きにくいということを言ったのですが、結局、鈴木君にすすめられて、中途はんぱなものですけれども『価値論』（河出書房、一九四七年）を書いてみた。

これは要するに労働価値説の証明は商品論ではできない、資本の生産過程へ入ってはじめてできるのだ、という意味のことを書いたのです。結局、中心は価値形態論の問題で、あれは形態規定なのだということを強調した。リンネルの所有者が〝自分のリンネル二十ヤールは〟と言ったときには、何ヤールか持っていて、その中の二十ヤールを出して、〝一着の上着に値する〟と、所有者が言うのです。これはちょうど、皆さんがデパートや商店へ買い物に行くと値札がついていますが、あれと同じなのです。価値形態というのはああいう形でしか出てこない。貨幣形態とか価格形態とかわれわれは言っているわけですけれども、貨幣を持った者が買うときに、はじめてその関係が確認されてくるわけです。〝リンネル二十ヤールは一着の上着に値する〟と言ったからといって、一着の上着を持っている人が、必ずリンネル二十ヤールのため一着の上着をわたしてくれるか。そうではない。金何円であると書いてあっても、そして何円という金はみんな持っていても、なかなかその商品が売れないかもしれない。そういうものとして値段の関係が出ているのです。

そういう点で、『資本論』に対する疑問を、私は戦後になってはじめて問題点として出したのです。価値論の労働価値説の論証の仕方というのはどういうふうにやるべきか、という問題を出したのです。そうしたら、これはもう予想していたのですけれども、さっそくいろいろの批評が出てきた。それで批評に答えているうちに、だんだんとぼくの疑問が確実になってきた。これは実におもしろいので、はじめはそんなに確実な疑問を持っていたわけではないのです。ぼんやりとした疑問は持っていたのですけれども、次第に確実になってきた。そして、ほかにも『資本論』のいろいろな難解な個所――資本論難問集と私よく言っていたのですけれども――が出てきた。今の価値形態論もそうですが、価値尺度もそうだし、あるいは有名な窮乏化法則でもそうだし、あるいは最近もちょっと書いたけれども、例の資本家的私有制の最後の鐘が鳴る、収奪者は収奪される、という名文句で有名な、否定の否定を論じた『資本論』第一巻二十四章のいちばん終わりの一節にも問題がある。それからまた第三巻でいえば、たとえば市場価値論にも問題がある。地代論にも多少あるけれども、いちばんの問題点は利子論なのです。利子論は、ほとんど完全にと言っていいほど不完全なのです。完全に不完全と言ったらおかしいけれども（笑）、ほんとうに不完全なのです。これはなんとしても直さなければいけない、というふうに感じている。

そういうように問題が次第に出てきたのです。それで今の価値論を出発点として、いろいろ書いているうちに批評を受ける。批評を受けるとその反駁をしなければならない。反駁をするというと、そこで勉強をもういっぺんやり直すわけです。私は大体論文を書くときに、相手の論文を読んで、もう腹が立って読むに耐えないというときまで読むのです。

『資本論』でもそうで、『資本論』を読んで、もうこれは読むに耐えられないと、腹が立ってしまうのです。少し短気者ですから、『資本論』を読んでいるうちに腹が立つのです。しかし、マルクスは偉いから、ここはもう少しがまんしなくちゃというので、がまんして読むと、また腹が立つ。それを繰り返すときに、何か反駁の論文を書いていく。これはけっして『資本論』を批評しようとしていうのではない。そんなふうに私のことをいう人がいて、私非常に憤慨したのですけれども、これは『資本論』を批評するために言っているのではないのです。

『資本論』と修正主義

たとえば一九世紀末に、ベルンシュタインの修正派の主張が出てきたりしたことがある。ベルンシュタインはエンゲルスのお弟子さんで、エンゲルスと一緒にロンドンにいたのですけれども、それがエンゲルスが死んだら間もなく、マルクス主義の修正を要求して、妙な論文を書いたり、妙な著作を書いている。これが『資本論』を読んだ人かと思うほど誤解しているのです。この誤解が悪かったのだろうと思う。ベルンシュタインがほんとうに『資本論』を読んでいたら、あるいは修正を要求してもよかったかとも思うのですけれども、誤解をして修正を要求したのですから、どうなるのですか。誤解のもとに『資本論』

の修正を、あるいはマルクス主義の修正を要求するという、妙なことになったのです。カウツキーがその誤解を解こうとすると、これは修正しなくてもいいということになってしまって、結果はカウツキーでは解決がつかなかった。それが後にヒルファディングの『金融資本論』、レーニンの『帝国主義論』、いわゆる金融資本時代の帝国主義論になってきたのです。カウツキーがベルンシュタインにおまえの読み方は違っているといろいろ説いても、どうしても問題は片づかなかった。というのは、『資本論』を書いた当時にマルクスが想定した資本主義の発展の状況と、一九世紀末から二〇世紀初めにかけての資本主義の発展の状況とが違ってきているのです。私は戦後昭和二十二、三年以後、マルクス主義経済学者諸君といろいろ論戦をしながら始終考えたのですが、マルクスがもしも百二十五歳ぐらいまで長生きをして、『帝国主義論』あるいは『金融資本論』をマルクス自身が書くことになったらどうだろうか。『資本論』を書かずに、金融資本の時代、帝国主義の時代に経済学をやったとしたら、これはことにイギリスにいても、おそらくむずかしかったろうと思うのです。

ぼくはよく前に、マルクスが一九世紀中ごろに生まれて、一九世紀末に経済学の原理を書いたらどうなるだろうか、という問題を出して、マルクスにも、やはり経済学の原理を書くのはむずかしかったのではないだろうかと学生諸君に言うと、いや、マルクスは非常に偉いから、一九世紀末に生きていても『資本論』を書いたでしょう、と言う。あるいはそうかもしれない。これはちょっと私も否定するわけにはいかないけれども、マルクスが『資本論』を一応書いた、書いたあとで『金融資本論』あるいは『帝国主義論』を書かなくてはならぬようになったら、どういうふうなものを書くだろうか。こっちはおもしろい問題になる。というのは、『資本論』の場合にはこういう想定があるのです。またこういう想定があったために、ああいう立派なものができたのです。それは資本主義がだんだんと純粋の資本主義に近づいていくという想定です。マルクスはこういう考えで『資本論』を書くことができた。これはたいへんなことです。

二つの「資本」概念――近代経済学の効用――

私は『資本論』にいろいろ疑問を持ちはしますけれども、あれを全面的に批評したり、あれを全面的に読まない人というのは、経済学者の名前に価しないのではないかと思うのですが、どうでしょうか。ぼくは近代経済学の諸君によく言うのですが、君方はぼくらに借りがあるのだ、と。なにか、どこへ行っても近代経済学の方が経済学の本家のような顔をよくするのですが、おかしいのですよ、マルクスの方が先に書いているのですから。先に書いたものをちゃんと批評をしてからやらなくてはいけないんですが、それはやらない。

もっとも批評した先生もベーム・バヴェルクとか、その他いますけれども、ほとんどわからないで、ちゃちな批評をしているのです。だからちゃんとした批評をしないで、借金を背負ったまま、知らん顔をして、あるいは先輩が批評をしてくれたから自分たちはもういいのだというので知らん顔をして、『資本論』をそのままにして近代経済学をやっている人が多いのです。

これも、ぼくはよく言うのですが、最近になって編集しなおされたのですけれども、以前に出ていた岩波書店の『経済学小辞典』という、大阪市大の経済研究所でつくった辞典があるのです。ぼくはこれをよく例にあげるので相手の人に悪いのですけれども、悪くてもたいしたことではないからいいと思うのですが、あの『小辞典』の中には「資本」という項目に、「資本その一」と「資本その二」というのがある。「資本その一」を中山伊知郎君が書き、「資本その二」を私が書いているのです。私はそれで編集者に言ったのです。もっともぼくも編集者の一人なのだけれども、名前だけの編集者で編集の議にあずかっていないのですから、実質的にあずかっている人に言ったのです。ぼくは「資本その二」なんかいう「資本」を書いたことはない、何かの間違いじゃないか、と。そうしたら、頭をかいている。あの編集者のなかにはマルクス経済学をやった人が多いのです。それにもかかわらず「資本その一」は中山君が書いた。それでぼくは「その一」を読んだが、何べん読んでもわからんのです。あれで「資本」という言葉がどうしてわかるのか、どういう理論を持ってあれを資本と解しているのか、ぼくにはどうしてもわからない。諸君が読んだらどっちをパスさせるか、これは諸君の判断にまかせますけれども。もっとも中山君の方が「資本その一」になるような理由は多少あるのです、資本の概念の変化を書いていますから。たいした歴史ではないのですけれども、ともかく歴史を書いているから、それで「その一」になったのかもしれないけれども、内容はもうほとんどベーム・バヴェルクみたいなものによって書いているのですから、あれは「資本その一」には価しないですね。「資本その二」の方はマルクスによって書いているのですから、これはもうずっと偉いものです。私が偉いのではないのですよ（笑）、マルクスが偉いのです。

資本概念というのをほんとうに確実にしているのは『資本論』なのです。これがもしも間違っていたら、ぼくはもう経済学をやめようと思っている。これが間違っているということを証明してくれたら、あるいは論駁してくれたら、もう経済学をやめてもいいと思っているのです。あの資本の概念というのは、皆さんも経済原論や、いろいろなものでお聞きになって、もうご存じだろうと思いますが、マルクス経済学でいう資本の概念と、近代経済学でいう資本の概念とを比べると二つの経済学の意味が非常に違うことがわかる。もっとも官庁や会社へ行くのには近代経済学がいるのですってね（笑）。おかしいことになっているのと思うのですね。何のためにああいうものがいるのか、よくわからないのです。もっとも、あれも役に立つことがあるので、全然役に立たないものではないのです。

私の知っているのはおもしろい話なのですけれども、あれは戦争中だったか戦後だったか、ちょっと覚えがないけれども、日本銀行の大阪支店で外国為替を管理している人が、それをいろいろの会社へ、紡績会社だったと思いますが、分けてやらなければならない。それをおよそ自分のカンで分けてやっている。この会社はこれだけ、この会社はこれだけと、綿を買う外国為替を分けてやる。しかし、そのまま出したら紡績会社は言うことを聞かないと思ったのでしょう。そこで、その人は近代経済学をやっている友人を呼んできて、〝紡績会社に外国為替を分けてやるのだけれども、これに何か近代経済学的数式を作ってくれないか〟と言って頼んだのです。それで何か妙なモメントをいろいろあげて、いろいろの数字に直して、これを全部集めて割当ての数式を作った。〝高等数学を多く使っている〟と言っていましたけれども、ほんとうかどうか知らない。それで紡績会社の重役を呼んで、〝これは近代経済学の高等数学を使って外国為替を割当てたのだから、けっして不公平なことはない〟と言ったら、紡績会社で〝はっ、ありがとうございます〟といってちょうだいした。こういう役目をするのではないかと思います（笑）。しかしときによると、それさえもしないことがあるのです。それは毎年繰り返す米価決定を見るとすぐわかる。

あれに入っているのは近代経済学の人が多いのです。ときにはぼくの友人で、あまり腹が立つといってやめた人もある。あの米価決定なんかいうのは、いいかげんなところでやるのです。あれはもう当然赤字を作るようにしてできた米価決定ですけれども、学者がいろいろの数字を出したりしているのは何も役には立ちはしない。政府与党の中でこちらのいい分とあちらのいい分とを合せて二で割って、いいかげんのところで決定する、というようなことになる。それで学識経験者というのは飾りになるだけで、実際上なんの役にも立たない。まあ、実際上なんにも役に立たないと言ったら、うそかもしれないですね。米価決定には米の生産費とか、いろいろなむずかしい問題はあるでしょうけれども、近代経済学の人は経済学がこういうことに使えるように思うのですね。

純粋化する資本主義――原理論の問題――

マルクス経済学では、そういうふうな問題は出てこない。そこに近代経済学との違いがあるわけです。マルクスの場合には――これは私が経済政策論をやったために、ことにその点を繰り返し繰り返し考えたのですけれども――、そういうふうに政策上にすぐ使えるというような経済学の理論はない。むしろこれはアダム・スミスの場合もそうですけれども、政策が行なわれないところに法則が現われる。しかもそれは資本主義が発展するにしたがって、だんだんと理論的に想定されるような、純粋な資本主義社会へ近づいていくという想定のもとに、マルクスは『資本論』を書いて、理論を構成している。これは自然科学の場合もそうでしょう。実験をやるといった場合には、そういう純粋な形にしなければ法則はつかめない。価値法則というのも、政策をやらないところにあらわれてくる。そう言うと、それでは純粋にならないと価値法則がつかめないということになりますが、ここに非常におもしろい問題があるわけです。資本主義は発展するにしたがって、だんだんと純粋の資本主義社会に近づいてくるという傾向を持っているのです。

商品経済というのは、古代社会でも中世封建社会でもみなあるのです。あると同時に、どういう作用をするかというと、古代社会を分解する作用を持っている。あるいは社会と社会との間へ出てきて、一方の社会の影響を他方へ及ぼしつつ、商品経済を内部へ浸透させることによって、今までの古代社会や中世封建社会を分解する作用を持つ。つまり、殿様が次第に町人に支配されるような作用を商品経済は持っているのです。いいかえれば古代社会や封建社会では、分解作用というのが外から働いていたわけです。しかし、その分解する作用を持っている商品経済が、資本主義では社会の基本になってしまった。ですから、そのまわりに残っている古いものを次第に分解して、自分の純粋の資本主義社会へだんだん近づけていくという傾向を持っているのです。マルクスはそういう傾向にのっとって、純粋な資本主義社会を理論的に想定することができた。ぼくはこれをマルクスの唯物論と考えているのですけれども、ただ頭の中で考えて純粋な資本主義社会を作ったのではなくて、商品経済自身が、ほかの古い社会環境を分解しながら自分の中へ吸収していく、そういう過程をマルクスは一九世紀の中ごろまでのイギリスに見たわけです。これは『資本論』を経済学の原理として作るうえに非常に役立った。マルクスはあれで強情な人らしく、そういう理論的に役立ったことはなかなか言わないのだけれども、『資本論』の第三巻の中で、その点をちょっと言っているのです。『資本論』をつかまえるのには、こういういいところを見のがしてはいけないですね。マルクスは、そこで資本主義がだんだんと、古い社会関係を消していって、純粋な資本主義社会の中へみんな入れていく、といっている。もちろん純粋な資本主義社会というのはできっこないのですけれども、それにだんだん近づいていく。ここのマルクスの論証はなかなかすぐれていると思うのです。ぼくは前に『「資本論」と社会主義』（岩波書店、一九五八年）という、論文というよりも、ぼくが頭の中へ描いているものを率直に述べたエッセーを集めたような本を出したのですけれども、その中で一つの例をあげた。それは特異な例ですから、諸君はあるいはお読みになっていて、ああ、あいつはまたあんなことを言っていると思われるかもしれないけれども、それはこういうことです。

モームという小説家がいますが、あれはわかりいい小説を書くので、私は割合に読んでいるのですが、かれが自分の生涯に読んだ書物のことをいろいろ書いたもので、『要約すると』という訳になっている、ちょっと妙な題の本があります。その中にモームが、お医者のインターンか何かで助手をしていたときのことが書いてある。解剖の時間の先生が、なんとかの神経を出しなさいという。解剖をして一生懸命でやったけれども、その神経がどうしてもつかまらない。それで先輩の助手に聞くのです。〝どうもここをいくら解剖しても神経が出ないのだけれども、どうしたらいいのだ〟と。そうすると、〝これがおまえが言っている神経だ〟と先輩の助手が教えてくれた。〝でも、その神経は解剖の書物に書いてある場所にはないではないか〟とモームが反駁したのです。そうしたらその助手が、〝解剖はすべて例外である〟と言ったのだそうです。そして、それにつづいてモームが神経は割り切れないというような意味の小説論をやっているのですけれども、経済学では解剖の図に出ているところへ神経がだんだんと寄っていくような傾向を持つのです。なかなかこれはおもしろいですね。神経の方で解剖図に近づいていく。解剖図が先にできていたわけではないですけれども、そういう純粋化する傾向を持っているのです、対象自身が。これはほかの学問にはちょっとないのではないですか。実験室を対象自身が作ってくれる。これは中世でも古代でも、商品経済以外の社会では、そういう社会関係が純粋化する傾向というのは持っていないのです。というのは、必ず商品経済が入って、それを分解する作用を持っていたのですから、純粋の封建社会に近づいていくなんていうことも、純粋の古代社会に近づいていくなんていうこともない。しかし、資本主義は純粋な資本主義社会へ近づいていく傾向がある。

純粋の資本主義と『資本論』

ところが、ちょっと厄介なことができた。マルクスが『資本論』を書いたときまでは、ちょうどそういう純粋化する傾向を持っていた。これはまたうまいときに『資本論』を書いたものですね。非常にいいときに書いた。『資本論』がそこで書かれたということは、マルクスの『資本論』にいろいろの点で非常にいい結果を生むことになっているのです。もっとも、それをマルクスはかなり具体的に考えて、何か純粋の資本主義社会というのは実験室にすぐ当たるように考えたときもあるのです。これは私も実験室にすぐ当たるような意味で純粋な資本主義社会を言ったこともあるので、ちょっと言いにくいのですけれども、しかし私は、マルクスの場合とはちょっと違った意味で言っているのです。実験室に似た面もありますけれども、違う面もある。

たとえば実験室であれば、前にお話しした〝リンネル二十ヤールは一着の上着に値する〟というのは、一着の上着とリンネル二十ヤールに、マルクスの言葉で言えば〝同量の労働が対象化されていて、同じ価値を持っているから、リンネル二十ヤールは一着の上着に値する、という表わし方ができるのだ〟ということになる。これは実験室的なのです。こちらに所有者がいて、リンネル二十ヤールを持っている人がいて、上着はどこにあるかわからない。マルクスの場合も、上着はどこにあるかわからないというところまではわかっているのです。そこがやはり偉い点なので、上着はどこにあるかわからないのです。ただ観念的にリンネルを持った人の頭にあるだけなのです。その点をはっきり言うと非常によかったと、ぼくは思うのです。実験室でないというのは、純粋な形で考えると、実験室に似た面はあるのだけれども、リンネルを持っている人は、自分のほしいと思う上着一着には二十ヤールが値すると考える場合でも、百ヤールを持っていて、その中の二十ヤールを出して、〝リンネル二十ヤールは上着一着に値する〟という口上を述べるか、あるいは札をつける。そうすると上着を持った人がきて、二十ヤールでは少し安いと思ったら、リンネルと上着を交換してくれない。あるいは〝リンネル二十ヤールは少し安いから二十五ヤールにしなさい〟と口で言うかもしれない。すると、〝二十五ヤールでは少し高いから、二十二ヤール半にしましょう〟などという。〝では交換しましょう〟ということで上着屋は交換するかもしれない。こんなことはしかし、貨幣の場合は、リンネルは二十ヤールなんて言わないでもいい、一ヤールいくらと言うのです。貨幣になるとみな変わる。これは価値形態論でそういうことが明らかに言えるのですが、〝リンネル二十ヤール〟と言ったのは、〝上着一着〟という、ちょっと妙なものを持ってきているものだから、そう言ったのです、価値の表現として。〝金何円〟と言ったときには〝リンネル一ヤール〟でいいわけで、そういう関係が価値形態論で明らかになるのです。〝リンネル一ヤールは金何円である〟と言っても、これは価値の確定にはすぐはならない。これは主観的な表現なのです。リンネルを持ったリンネル屋は、これを価値の表現だと思って、〝金何円である〟と言う。お金を持っている買手の方からいうと、〝リンネル一ヤールが金何円とは高い。もう少し安く〟というふうに考えるかもしれない。そういう行きつ戻りつの値段を通して価値の確定がなされるというやり方なのです。だから実験室とちょっと違うわけです。

実験室の場合には、ちゃんと〝リンネル一ヤールは金何円である〟という定量の式ができるわけでしょうけれども、経済学の場合には、そういう形ができない。だから実験室にはすぐはならないのですけれども、マルクスはちょっとそういうところで、実験室的な解釈を入れた純粋さを説くのです。これはちょっといけない。しかしマルクスにとっては、純粋の資本主義社会へだんだんと近づいていく。イギリスもドイツもアメリカも、あるいはフランスも、資本主義になればみんなイギリスと同じようになるのだ、というふうな考えで『資本論』を書いたのです。それがために『資本論』ができた。これはそれでいいのですけれども、金融資本の時代へ入るとだんだんと純粋の資本主義社会へ近づくとは言えないような、ちょっと厄介な問題がでてくるわけです。純粋化というのがなくなるわけではないのですけれども、資本主義はなにも純粋でなければならないということはない。法律や何かと違うというのはそこなのです。

資本主義的発展——段階論の問題——

資本主義がある国に入ってくる、あるいはイギリスで発展してくるということは、全国内を資本主義的なシステムの中へすべて入れてしまわなくてはならぬというものではないのです。そんなことはどうだっていいのです。儲かるところがあれば、お百姓の方は古いままで残しておいてもよろしい。明治維新後、日本に資本主義が入ってきたときにみられたように、工業にとっては、自分の必要とする無産労働者をお百姓の中から供給してくれさえすれば、お百姓のやりかたというのは昔のままでもよろしい、という関係なのです。どうしても農業まで資本主義にしなければ、よその国に対して顔向けならないという資本主義はないのですから、農業まで資本主義にするというような必要はない。ただ、年々農村から二十万、三十万という農村の次三男や女子が労働者として都会に出てくる。そして、そこに大工場が発展すれば、それで資本主義は十分なのです。

もちろん、それでも労働者がたりないということになったら、おそらく農村に入っていって農村の土地と農民とを分離する。イギリスの資本の原始的蓄積に現われるエンクロージャをやる。エンクロージャというのはお百姓の土地と農民を分離して追っぱらうことです。そうすれば土地を追っぱらわれた農民は完全に無産労働者になるわけです。資本の原始的蓄積あるいは本源的蓄積というのを、たんに無産労働者の形成であると言ったらおかしいのですけれども、貨幣財産の蓄積だけでは資本主義にならない。労働者が無産労働者にならないと資本主義にならない。ですから、お百姓を農地から追っぱらうと無産労働者ができ、それによって貨幣財産が資本として生産過程に入り、資本主義を確立することができるのです。

一九世紀の六、七〇年代以降になると、資本主義の発展の重心が産業的には重工業に移ってくるわけですが、それと同時に後進諸国がみな資本主義化してくる。後進国の全部でもないのですけれども資本主義化してくる。後進国が資本主義化してくるとどういうことになるかというと、農村の分解をイギリスほど徹底的にやらないで、しかも資本主義が発展するということになるのです。これは何を意味するかというと、資本主義の純粋化というのが、なくなるのではないけれども、停滞するとでも言いますか、そしてまた逆に、その資本主義の発展に付随する中小企業というのが、むしろ出てくる傾向――資本主義の発展のある時期までは、そういうものをだんだんとこわしていく傾向だったのですけれども、一九世紀七〇年代以後になるというと、そういう純粋化がある程度阻害されると言いますか――阻害と言ってもとめてしまうのではないけれども――、そういう純粋化をやらないでも労働力が得られるようになる。それはそうでしょう、今の大きな工場をみればわかるように、大きくなればなるほど比較的には労働者が少ない。これを〝資本は有機的構成を高度化した〟とマルクスは言っているわけですけれども、そうなると農村を分解しないでも資本主義が発展する――分解するということは資本主義が農村まで入っていく、つまり純粋化するわけですけれども、そういう純粋化の傾向がある程度とまりながら資本主義が発展する――ということになってくるのです。これが金融資本の時代、帝国主義の時代なのです。マルクスはだんだんと純粋の資本主義へ近づいていくというので、理論的な経済学の原理を考え得たのです。不純な状態のままで経済学の原理を立てようということはできない。このできないことをやっているのが近代経済学なのです。不純のままで原理をつくろうとしている。だからあれは、モデル、モデルと言っていますけれども、どういうモデルなのかよくわからない。マルクスの場合のモデルにあたる純粋の資本主義社会というのは、歴史的な傾向で言っているわけです。不純なままで、つまりお百姓もいれば中小企業もいる、あるいは大資本が並んでいる、あるいは植民地もある、そういう状況で経済学の原理を立てようとすると、資本家と労働者の関係というのもつかめないのです。不純な状態がいろいろに微妙に影響する。それで結局は需要供給で値段がきまるのだということになっちゃうわけです。何かカーブをかいてみたり、数式をつくってみたりするが、あの数式というのはぼくによくわからないので、ちょっとじれったいのですけれども、今からぼくにあれをやれと言っても、もう十年かそこらしか生きてない人間に、今から数学をやって近代経済学をどうしろと言っても、ちょっとこれは困ったことになるのです。もっとも、ああいう困った学説が学説として出てきたから、みなやらなければならないという必要は全然ないと思うし、どうしてわれわれのこういう今の金融資本の時代のような状況になるのかという説明ができさえすれば、日本資本主義を分析することもできるのではないかと思うのです。

『資本論』の前提――『経済学批判要綱』――

マルクスがこういう時代に『資本論』の続きを書くとしたらどういうことになるか、という問題を私は始終、自分の問題にしてきた。だんだんと年をとるにしたがって明確になってくる、ある点から言えば、あるいはがんこになってきたのかもしれないですね。多少、明確になるというのと、がんこになるというのは似ていますから。若い人が少々いろいろなことを言っても、なかなか聞かない。聞かないでいるというと、向うも少し成長してきて、ぼくに近づいてくる。そういう現象もときどきあるのですから、そうがんことばかりは言えないと思うのです。こちらも、もうこれは絶対間違いないということを言っているわけではないのですから、間違っているのは直さなくてはいけない。学問の世界では、いわゆる修正派ということはないのです。ぼくは『資本論』を必要であれば修正してもいいのではないかと言うのですが、そういうと、あれは修正主義だ、と言ったりする。

しかし、学問の上では始終修正していかなくてはいけない。マルクスの『資本論』でもそうでしょう。最初にああいう経済学の研究をはじめたのは、マルクスが二十四、五歳のころで、ちょうど同じころに、エンゲルスも『経済学批判大綱』というパンフレットと言うより論文を書いた。エンゲルスは非常に才能のある人ですから、『経済学批判大綱』を書いてマルサスをやっつけてしまうと、経済学を卒業してしまった。あれから以後エンゲルスは経済学をやらないのですが、マルクスはそこからはじめているのです。やはり秀才というのもちょっと考えものですね（笑）。ぼくはああいうのを飛行機部隊と言っているのです。飛行機でぱあっと行って偵察してきたら、占領したようなつもりでいる。マルクスの方は歩兵部隊で、『哲学の貧困』を書いて、『経済学批判』を書いた。しかも『経済学批判』という書物の前に『経済学批判要綱』（グルントリッセ）という原稿もあるのです。これはこの数年前にプリントになって出たばかりですが、確かあれもソヴェトではドイツ語で出さないで先にロシア語で出した。あとからドイツ語の原文が出たのです。これは読むとたいへんな書物です、九百ページ以上もある。

マルクスはこの『経済学批判要綱』をただ原稿に書いただけで出版していないのです。この原稿はちょっとおもしろい。どうしておもしろいかというと、まるでマルクスの研究室へ入ったようなつもりで読める。『経済学批判』とか『資本論』になると、マルクスは気どった文章で書いているのです。もっとも、『資本論』でもマルクスの原稿をエンゲルスが編集して出した第二巻や第三巻になると、その気どったスタイルがなくなる。もちろん気どった文章にもいい点はある。なかなか鋭い表現もあったりしておもしろ味があるのですけれども、ぼくはそういうところにあまり興味を感じないものですから。シェークスピアが出てきたり、いろいろなものが出てくるのは楽しいかもしれないけれども、こっちはシェークスピアも何も知らないのだから、ちょっと弱っちゃうのだが、この原稿にはあいうのがあまりないのです。そして引用も少ない。あれば、かえってたくさん抜き書きしたものが出てくるのです。つまりペンをとって自分の頭にあるのをだんだんと書いていく。だから、ちょうどマルクスが頭で考えているのにあとからついていくような気持ちがして、非常におもしろい。私はこの書物を買ったときにはうれしくて、あれを昼間読んでいると昼間の仕事ができない。あまりおもしろくて、そればかり読むことになる。それで、私はそれは昼間読まないで寝間へ入ってから読むことにしました。そうするとある程度読むと、やはり生理的にねむくなって寝てしまう。だから、あればかり読むということにならない。そのかわり相当な年月を要して——年月と言うほどでもないですけれども——、非常に楽しんで読んだ。マルクスはあれを一八五七年の秋から八年の春ぐらいまでの間、半年ぐらいで書いた。一年たたないのではないですか、あの原稿を書いたのは。

ぼくはこれを読んだときに驚いた。ことによると、マルクスは、われわれが想像している以上に魔力を持った超人かもしれないと思った。ところが、あれを書いたあとでマルクスは病気をしている。ぼくはそれを知って安心したのです、やはりマルクスもわれわれと同じような人間であると、喜んでしまったりして。ともかく、あの書物は非常におもしろいのです。今は翻訳本が出ているからご覧になるといい。諸君にはどうかわからぬけれども、『資本論』を読んだものにとっては非常におもしろい。ことにぼくには非常におもしろかった。マルクスはしかし、それを書いていても、すぐは原稿にしていない。この『経済学批判要綱』(グルントリッセ)のあとの方に貨幣論の原稿があるのですが、それも『経済学批判』の原稿なのですけれども、それをまたもういっぺん書き直して、それでもまだ

『経済学批判』にはすぐはしていない。たいへんなことで、ある点から言えば、ばかみたいなところがあるのです。ぼくにはとてもできない。ぼくはもう原稿を書くときには、ぱあっと自分の思うままに書いてしまうのです。ただ書くまでにさっき申し上げたように、何べんも何べんも読むということはやるのですけれども、マルクスは何べんも何べんも書いている。偉いですね。そういう過程で『経済学批判』を書いて、後にまた『剰余価値学説史』として出すものを書いて、そして『資本論』ができているのです。だから、生きていたらその『資本論』をまた書き直したかもしれないと考えてもいいのではないでしょうか。

『資本論』の発展——原理論と現状分析——

『資本論』を一言一句訂正することはできないものだ、というのはおかしいのではないですか。ぼくはマルクス主義というのは科学的社会主義だと思うのです。その意味は、社会主義を科学的に基礎づけるものをもっているということです。マルクスはそれを求めていた。その求めていた成果の一つが『資本論』になって出ている。しかし、その求めていたものが、それでは『資本論』でもうすっかり与えられているかというと、そう簡単にいかないのではないですか。ことに今申し上げた、一八七〇年代以後の金融資本の時代に入って、純粋な資本主義社会へ近づいていく傾向がある程度阻害される、その時代になってもやはり経済学の原理というのは純粋の資本主義社会を想定しなければできない。しかし現実の資本主義の発展というのは原理だけでは説明のできないものではないかというふうに、マルクスも考えるのではないかと思うのです。なにかぼくの考えにマルクスを引きつけてしまったようなことになるので、ちょっと悪いのですけれども。

ぼくは以前に大病を二、三回したのです。そのときに、もうあの世へ行くかと思っていた。そのときに負け惜しみですけれども、あの世へ行ったら、その当時はたばこを吸っていたのですけれども、マルクスもよくたばこを吸うから、たばこを吸いながらマルクスと話をしてみたい。〝自分は『資本論』についてこういう考えを持っているのだけれども、どうでしょう〟と。マルクスに必ずしかられるだろうと覚悟はしている、しかし、ことによるとほめられるかもしれない。そういう話をよくしたのです。

私はことによったらほめられるかもしれない。マルクスが生きていたら、金融資本論を書くときに、経済学の原理は『資本論』のときとは違って、もっと純粋な形で考えるのじゃないか。資本主義へ帰一するものだというのだったら、少々不純なものがあってもかまわないのです。その意味で、『資本論』の中には不純な要素がだいぶ入っている。結局こういうものはなくなっていくのだという――安心感というのではないかもしれないけれども――、そういうものがマルクスにあったのではないかと思うのです。だから『金融資本論』が出てくると、逆に『資本論』の方の経済学の原理を、ほんとうに純粋資本主義社会で法則的に明らかにする。同時に金融資本の時代、あるいはマルクス自身が『資本論』を書いた自由主義の時代、あるいはそれに先立つ重商主義の時代というのが、資本主義では発展の段階として認められるということになるのではないかと思うのです。ヒルファディングは、自分の『金融資本論』を『資本論』に続くもののように書いている。ところが、あの『金融資本論』というのは、ヒルファディングが若かったせいもあるのですけれども、あのなかの貨幣論、あるいは利子論というのは、『資本論』の抜き書きなのです。その抜き書きを金融資本時代の現象とつないだ。それで続きだと言うのですが、これはむずかしい。こういう続き工合はできっこないのです。もしも続けるのなら、自由主義時代のもっと現象的なものに続けなくてはならないのですけれども、そう簡単に続かないものですから、『資本論』の原理に続けている。それで非常にむずかしい書物になっている。

『金融資本論』と『帝国主義論』

よく『金融資本論』は非常におもしろくてやさしいと言う人がいますけれども、あれはドイツ語がやさしいので、みなわかったような気になる。しかし、それはドイツ語がわかっただけの話で、内容がわかっていないことが多い。あの理論的なものは、内容を考えると相当むずかしいのです。それはむずかしいはずなのです。『資本論』に続いて金融資本を説こうとしたので、こういうことは簡単にはできない。『資本論』は、理論で想定する純粋の資本主義社会へ近づいていく資本主義を土台にして書いた。

言いかえれば、法則は純粋の資本主義社会を想定しなければ説けないわけですが、金融資本の時代を明らかにするときにこの法則をすぐには使えない。たとえば資本家と言っても、株式会社になると大株主と普通株主とではまるで性質が違ってくるのです。つまり普通株主が資本家としての資格をある程度返上ないし委譲するわけです。そうすると大株主は、自分の資本でもない大資本を、自分の資本と同じように支配するという関係になってくるのです。だから大衆投資家などといったへんな宣伝で株を買わされた人はえらい目に会う。普通株主というのは、そういうふうな役割を持っているのです。だから、あれを経済学の原理でいう資本家にしてしまうことはできない。そのかわり、また逆に大株主というのは、普通株主の頭をはねて大資本家になる。つまり普通株主がレントナー、つまり利子所得者になって、大株主は自分の資本以上の資本を支配する大資本家になるような組織なのです。あれをみんな株主が集まって共同して事業しているのだと、そんなことに理解したら株式会社は全然わかりっこないです。また今日では何万という株主がいるのですから、株主総会をやってもたいへんです。神宮球場を借りてやらなくてはならない（笑）。

できっこないです。

こういうように、『資本論』だけですぐには説明できないような、いろいろな複雑な現象が生じてきている。だから、そういうときに『資本論』の続きだと言ったのでは、これはよくない。

レニンの『帝国主義論』も、最初は資本の集積・集中の発展から独占資本ができ、大資本ができるというふうな説き方をしているけれども、レニンというのは頭がいいですから、言ったあとすぐ訂正して――〝とは言っても、あらゆる産業に大企業が出てくるわけではない〟と言っている。これが重要な点で、資本の集中・集積が大きくなると言う場合、あらゆる産業に資本の集中・集積が大きくなるというのが、原理の問題になるのです。ある特定の産業に大企業ができてくるということになると、これは帝国主義論、金融資本論の問題になる。これは原理的に出てくるのではないのです。重工業が中心になって新しい時代ができるということになると、これは帝国主義論の特殊な研究を要するということになる。私は『資本論』からそういう疑問を持ちながら、金融資本論、帝国主義論をながめて、その間に原理と私のいわゆる段階論との区別ができるのではないか、というふうに考えたのです。

『資本論』に学んで――現状分析の試み――

多くのマルクス主義者諸君は、ぼくが『資本論』を訂正したというので、みんな修正主義者とか、いろいろなことを言うのですけれども、あの世へ行って、マルクス主義経済学者諸君がマルクスに会ったら、どう言われるでしょう。ぼくはそれをときどき想像するのですけれども、彼らはみんな必ずマルクスにしかられると思うのです。間違ってもほめられることはないです。マルクスが言った以上のことを言えば、必ず間違うのです、ああいう連中は。マルクスの言った範囲で言えば、マルクスにほめられるはずはない。マルクスは〝おれの言っていることを言っている〟と言うに違いない。こういうふうなのは、ぼくは学問をやる上から言ったら、やりがいのないことだと思うのです。あれでよくやれる、気がしれないと思うのですけれども。

むしろ経済学の研究の究極の目標は、やはり日本資本主義の分析とか、あるいは世界経済の分析とかということにあるのです。現状の分析にある。これも私にとって非常に重要な問題なのですが、私はその方はあまりやってない。明治維新の地租改正を三、四年やってみたことがありますが、これはちょっとおもしろかった。ぼくは明治維新はやはりブルジョア革命だという主張なのです。後進国がブルジョア革命をやるときには、ああいうふうな形になっても、これはブルジョア革命だといっていいと思う。そういう考え方になってきているのです。地租改正というのは非常にブルジョア的なのです。

こういう日本資本主義の分析をやる場合には、必ず資本とは何かという点と、日本が資本主義化したのはどういう時期か、これはもうすでに金融資本の時代だという、その前提がないと分析はできないのです。しかし、これは経済学の原理そのものがすぐ現状の分析に役立つとか、あるいは金融資本論がすぐ現状の分析に役立つとかということではないのです。むしろ原理や段階論の規定をいちおう頭に入れたら、忘れてしまう。そのうえで日本資本主義を分析すると、おのずから科学的な日本資本主義の分析ができるのではないか、というふうに思うのです。この分析の成果を政党が自分の主張に利用することができるのです。

もちろん社会主義政党は、社会主義を科学的に基礎づける第一の問題として、資本主義の最も基本的なものは何かということを問わなければいけない。これは私が『資本論』から学んだところでは、労働力の商品化なのですけれども、これを私は私の南無阿弥陀仏と言っているのです。ぼくはよく言うのだけれども、ぼくの友人に日本仏教史をやっているのがいるのですが、その話では、法然上人は大蔵経を四回か五回読んで南無阿弥陀仏というのを発見したのだそうです。大蔵経というのは『資本論』どころではなく、たいへんな厖大なものです。それを四回も五回も読んだ。ぼくが『資本論』を一回読んで発見した南無阿弥陀仏は労働力商品化なのです。これは資本主義のほんとうに核心をなすものです。だから、社会主義の目標は何かと言われると、単なる計画経済なんてものではないとぼくは思う。

もちろん社会主義をやるのには、計画経済をやらなくてはならないのでしょうけれども、核心は何かというと、労働力商品化の廃絶、つまり人間の能力を商品化しないということで、そういうことが資本主義を社会主義に変える根本の目標であり、その点は経済学の原理で与えられると思うのです。しかし、ほんとうに経済学を社会主義運動に利用するということになるというと、これはどうしても現状分析をやらなくてはいけない。もちろん現状分析によったからといって、それでもう日本は何月何日に変革がくるということは言えない。そこには変革するものとされるものとの関係があるのですから。

『資本論』で証明の意味ができていない、論証がうまくいってないものに窮乏化法則というのがあります。こういうことを言うと、マルクス主義経済学の諸君は〝あいつは窮乏化法則を否定している〟あるいは〝窮乏化なんかないと言っている〟と言う。法則を否定しているとは言ってもいい、しかし窮乏化がないなどとは言っていないのです。恐慌で窮乏化することもあれば、不作で窮乏化することもあり、戦争で窮乏化することもある。社会主義者はみんなこの窮乏化を、やはり実際には革命の契機としてつかむので、これはもう必ずそれがなければ革命はできないと思うし、みんなが鼓腹撃壌しているときに社会主義を説いてもそれはなかなかきかれないでしょう。窮乏化したときに、これこそ資本主義の悪い点だということになると、変革することができる。だから社会主義の実際運動から言えば、窮乏化というのは非常に重要なのです。ただ『資本論』の範囲、原理論の範囲で窮乏化の必然性があるという論証は、少なくとも『資本論』ではできていない、ということは言っていいと思います。それをあまり『資本論』でできたように思うから、運動にもかえって支障が起きるのではないですか。ぼくはそういうふうに思うのです。逆にいろいろの影響が出てくると思うので、それはやはりいけないのではないか。科学的社会主義の科学的というのは、『資本論』に感心することではなくて、マルクスが求めていたものを求めることでなければならない。マルクスが経済学の中で求めていたものは何かというと、社会主義を基礎づけるもの、これを求めていた。『資本論』はそのある時期の一成果である、と見ていいと思うのです。だからマルクスが今日まで生きていたら、やはり金融資本論も書けば、あるいは帝国主義論も書き、あるいは私に似たように原理と段階論と現状分析という三段階論を説いていたかもしれないと思うのです。どうですか、これは少し我田引水かな。あの世へ行ったら、ひとつマルクスにそのことを尋ねてみようと思います。

（一九六五年十一月、茨城大学における講演）

恐慌論の課題

『資本論』と五十年

来年（一九六七年）は『資本論』の第一巻が出てから百年になる。同時にレニンの『帝国主義論』が出て五十年になる。それにちょっとならっていえば、私が、ちょうど高等学校の二年から三年へ移るときのことなのですが、『資本論』をなんとかして読めるようになりたいという希望をもって志を立ててから、来年でちょうど五十年になります。レニンが『帝国主義論』を書いて出版したときに、私が『資本論』を勉強しようと考えたというのは、何もそう因縁はないのですけれども、ちょっと前置きにお話ししておきます。

もっともこのあいだ、そのことを新聞社の人に話をしたら、『資本論』を五十年間もひたすら勉強しつづけているように新聞に書かれて、ちょっと弱っているのです。そんなに長く研究しているわけではない。途中でしょっちゅう休みながら、もっともいつも勉強したいとは思いながら、そういつもいつも『資本論』を勉強していたわけではないのです。『資本論』をどうしても勉強したいと思ったのは、レニンがちょうど『帝国主義論』を出したときなのですが、第一次大戦の終わり、大正の六年ごろに、そういうふうな考えを持つようになったのです。しかし、高等学校を卒業して大学へ入っても読むことができなくて――その点は諸君と非常に違うのです――、大学を卒業して一年ほどたって、ようやく『資本論』を読みだした。だからそれは大正の十一年です。そのころは諸君はまだみんな生まれていないのではないかな。君らが生まれていないときから『資本論』を読んでいるというと、相当えらいことのように聞こえるかもしれないけれども、そうたいしたことはないのです。初め読んだときには何のことかちっともわからなかった。その意味でも諸君とは非常に違うのです（笑）。いや、ほんとうにそうなのです。そのころ大学の経済学科へ入って経済学を教わっても、『資本論』を勉強するのに役に立つような経済学は全然教わっていないのです。そのころ皆さんもご存じだろうけれども、山川均という人がいて、この人と私は知合いなのですが、『資本論』の解説のようなものを翻訳したりしていた。そのうちに、コンセントレーションとセントラリゼーションという言葉がでてくる。この二つの言葉をどう訳すか、二つの違いをどういうふうに訳しわけたらいいか。これはわかるもわからんもない、初めて訳すのですから、コンセントレーションを集中と訳しても、集積と訳してもいいわけですけれども、コンセントレーションとセントラリゼーションを区別して訳すのにはどうしたらいいか。山川さんはおまえは大学へ行っているのだから、ひとつ大学の先生に聞いてこいと言われたので、ぼくは大学の先生におそるおそる聞きにいったのです。しかし、先生はもちろんわからない。大体『資本論』を読んだ先生というのは、ほとんどその当時いないのですから。コンセントレーションとセントラリゼーションの区別なんかでも、そんなこと全然考えもしないのです。だから訳語をどうきめたらよろしいか、そんなことも全然わからんのです。

そういう時代に経済学科を出たのですが、その間に『資本論』を研究室で見ることは見た。なにか重そうな本で、えらいことが書いてあるのだということだけは知っていたのですけれども、とても手は出せなかった。ぼくも内容を多少知ってはいたのです。だから『資本論』を読みたいと思っていたのですが、それはちょうど私が大学生のころにカウツキーの『資本論解説』の日本訳が出たからです。ちょうどそのころは、第一次世界大戦の終わりごろだったので、ドイツからまだ本がきていない。大正十年ごろになってどっと入ってきた。そのとき初めて、『資本論』を自分で買うことができて、そして十一年になってようやく『資本論』を読んだ。はじめ一回読んだら全然わけがわからない。全然と言ったら少し言いすぎで、多少はわかったのですけれども、ほんとうの意味はわかってない。

そのころ、ちょうど大正末から昭和の初めにかけて日本では無産運動が非常に盛んで、普通選挙になって、無産政党ができる過程、日本共産党もそのうちできるという時代だったので、『資本論』の紹介、研究、論戦、排撃というのが盛んになってきた。それで私は、その過程でそういう論戦を読みながら自分の読んだ『資本論』の勉強をもういっぺん繰り返して、自分で学ぶということをした。ちょうど大正十三年から十年あまり、東北大学へ職を得ることができましたので、そこで『資本論』の勉強をつづけたわけです。

東北大学では経済政策論というのを講義していました。『資本論』とはほとんど関係ないのですけれども。ただ、私は大正十一年からドイツへ行っていたのですが、そのドイツで大正十二年だったと思いますけれども『帝国主義論』のドイツ語訳が出たので、さっそく買って読んだ。『資本論』はなかなかむずかしかったけれども、『帝国主義論』の方は読んでみて、私にも非常によくわかり、非常におもしろかった。『資本論』と『帝国主義論』だけ読んで、東北大学で経済政策論を講義するというのですから、相当乱暴ですけれども、東京大学できいたときの、つまらない経済政策の講義を繰り返して自分がやろうという気はなかったので、なんとか『資本論』と『帝国主義論』とで経済政策論を作ろうというので、十何年間やってみた。その間に『資本論』の方も、おおよそわかってきたわけなのです。

しかし戦前には、これは私、『資本論』がほんとうにわかったと言えない、ある程度わかった点もあるけれども、わからない点もあり、そして、それに対しては今も同じような考えを持っているのですが、非常に疑問に思う点も残っている。ところが、みんなわかったような顔をして論じたり、排撃したりしている。あれがどれだけわかっているのだろうか。みんながやっているところは割合だれもがわかっているようなところなのです。『資本論』の中にもむずかしいところがあるのですが、それはやらないのです。『資本論』のむずかしいところをやらないで、同じところを何べんも何べんもやっているのです。そういうので排撃したり、擁護したりしているのですけれども、それでは『資本論』をほんとうに理解したとは言えない。だけど戦前には、自分の『資本論』に対する理解がたりないということが前提になっていて、とうていそれに加わる気はしなかった。

それに当時は、マルクス主義者の諸君が非常な弾圧を受けていた時代で、ちょっと何かしたいと言っても、すぐ引っぱられるような、あるいは裁判にかけられるような時代だったので、実際を言うと、それにひっかかる気持も非常にあったのです。つまり、マルクス主義の実際運動をしている人に対して、自分がここで『資本論』に対する疑問を述べても、そういう人々から自由な反駁を受けることができないのではないか、自分は大学の研究室でのんきに『資本論』の勉強をしながら、『資本論』にはこういう疑問があるということを言うのは、実際運動をやっている諸君に対してどうもはばかられる。そんなことで、私にはとうてい戦前には『資本論』に対する疑問を述べることができなかった。自分の考えを多少述べてはいるのですけれども、戦前には本格的に述べることはできなかった。

戦後はそれが非常に変わってきた、もうだれでもマルクス主義者になれるのですから。戦前はそうではなかった。相当の覚悟をしなければマルクス主義者にはなれない。戦後はネコもしゃくしもと言ったら悪いけれども、だれでもマルクス主義者になれる。ほんとうにあれがマルクス主義者かと思うような人が、みな自分でマルクス主義者だと言っているのだから、そうでないと言うわけにいかない。

しかしそれは、『資本論』に対する疑問を私が出しても、そういうマルクス主義者諸君がそれに十分に反駁することができるような世の中になってきたということでもある。これは私にとって非常に楽になったわけです。戦争中は、もうちょっと『資本論』の勉強はできないかなと思っていたのですが、戦争に負けてから『資本論』を勉強できるばかりではなくて、それに対する自分の疑問に思っている点を述べることもできる。これは私にとって経済学をやる以上は、非常に楽しいことなのです。『資本論』にけちをつけて、楽しいというのはおかしいですけれども、私はほとんど『資本論』から経済学を学んだのです。大学の講義で学んだのは非常に少ない。全然ないと言ったらうそですけれども、非常に少ない。しかし『資本論』に対してどうしても疑問だと思う点を率直に述べることができるというのは、これはもう非常に、自分が学問をやっている上から言えば楽しいことだと言っていいと思うのです。

価値論の論証

その『資本論』に対する疑問を、戦後、つぎつぎと機会のあるごとに述べてきたのですけれども、いちばん最初に述べたのが価値論の論証の方法に対する疑問でした。これはちょっとおもしろい。この話をしていたらきょうの課題がおるすになってしまうのだけれども、関連がありますから、ちょっとお話をしますと、それは、『資本論』の価値論の論証の仕方というのがどうもいけないのではないかということです。労働価値説というのは、私、正しいと思うのだけれども、その論証の仕方には、やはり無理があるのではないかということを考えていた。これにはいろいろの問題があるのです。ここでその点を詳しくお話しすることはちょっとできないですが、これは私、自分の『経済原論』（岩波書店、上巻一九五〇年、下巻一九五二年）でやったわけですけれども、マルクスのように商品の売買関係だけで、つまり商品の交換関係だけで労働価値説を論証するということは、やはり無理なのではないか。むしろ商品形態が生産過程をも把握したところで、つまり資本の生産過程で、労働価値説を論証することがはじめてできるのではないか、というふうに考えてやったわけです。これはほんとうは相当重要な問題なのですけれども、マルクス主義者の諸君からこの点に関してまだ十分な批評を受けていないので、ぜひ受けたいと思っているのです。受けたらぼくも何か少し反駁もできるように思う。私、元来が頭がゆっくりな方ですから、人に批評されると、いや自分の考えはこうだったというふうに、はじめて自分の考えを新しく展開することができる。諸君もそういうことがあるのではないかと思うのですが、お互いに議論をしていると、自分の考えがはっきりわかってくる。労働価値説の論証を資本の生産過程において、労働者と資本家の関係を基礎にしておこなうということは、非常に興味のある、おもしろい問題だと思うのです。

スターリンが晩年に出した、有名なスターリン論文（『ソ同盟における社会主義の経済的諸問題』、一九五二年）というのがあります。皆さんもご存知かもしれませんが、あの中でかれは、〝資本主義の基本的な経済法則は、価値法則ではなくて、剰余価値の法則である〟と言っているのです。社会主義のリーダーがこんなことを言ったのでは困る。価値法則というのは、剰余価値の生産を明らかにするものであって、価値法則と剰余価値の法則とを区別するなどという、こんなマルクスの学説というのを私は聞いたことがないのです。それを社会主義の指導者がそういうことを言うのですから、私はあの論文を読んだときに驚いたのです。それで、そんなことはないのだということを言うと、スターリンを擁護する人が怒った。怒ってもかまわないが、論証にならなければ何もならないのです。スターリンという人は偉いのかもしれないけれども、経済学では一流ではない、あれでは二流以下ですね。政治的には偉いのかもしれない。その方は私よく知らないけれども、その後スターリンは批判されて格下げになりました。しかし、やはりほんとうはスターリンの経済学から格下げをやっていかないといけないのではないかと思う。ただ政治的にだけ、集団指導とか個人崇拝とか言ったのでは、ほんとうの批判にはならないのではないか、スターリンの経済学説自身を批判しなければ。

もっとも、このスターリンの考え方についていうと、『資本論』の労働価値説の論証の仕方にも多少、そういう誤解を生ずるような点があるのです。そういうことが言えるのではないかと思うのです。

価値法則の意義

価値法則というのは経済学の理論の中では根本をなすものですから、この論証がどうなされるかというのは非常に重要な問題になるわけです。実際、資本家的商品経済というのは、この価値法則によって全体の仕組みができている、と言ってもいいのです。価値法則と言えば、ある商品を生産するのに要する労働時間で、その商品の価値がきまるのだ、と。簡単に言えばそれだけのことなのですけれども、ただそれだけではなくて、その価値によって商品が互いに交換されるばかりではなくて、社会的にいろいろの商品が、その生産に要する労働時間を基準にして生産されることになるのです。効用学説とかなんとかいうようなのは、その〝生産される〟ということを考えない学説ですから、価値論がほんとうにあるとは言えないのです。労働価値説というのは、その点では非常に正しいことをつかんでいるわけです。年々の社会的に必要とする生産物は、みな商品として生産される。それには、その商品を生産するのに要する労働時間が基準にならなければ、いろいろの生産物に労働を配分することができない。これが一個何時間と言って、だれもきめるわけにいかないのですけれども、実際上、社会的には何時間で生産されるということが基準になって、この物が社会的に何千、何万個需要されるとなれば、それに労働が配分されなくてはならない。資本主義社会では、労働の配分が資本の形で行なわれるわけですが、その資本の形で行なわれる配分が、この労働価値説を基準にしなければ配分しようがないわけです。だから作りすぎると値段が下がる。そうすると資本はその物の生産によけい配分されすぎたのですから、これからはなるべくほかの方をよけい生産するようになる。そうすると、次第に価格水準がもとへ上がってくる。たりないと値段が上がり、そして利益が多くなると、資本がその方へ配分される。こういうふうに、価値法則というのは、いろいろの社会的に必要な生産物が生産されるさいの、労働が配分される基準を明らかにしているわけです。ですから、経済学のシステム全体を通して、価値法則を明らかにする価値論というのは、その軸をなしていると考えていいのです。物を生産し、それを消費して、また生産する。つまり再生産するのに、その物を生産するのに要する労働時間が基準にならなければ、年々の生産を繰り返すわけにいかないことになるわけですから、労働価値説というのは、その点では当然、社会的に正しいものを持っていると言っていいと思うのです。経済原論の中で価値論が非常に重要な地位を占めるということは、おわかりになると思うのです。

マルクスの『資本論』でも、やはり価値法則というのが、『資本論』の全体のシステムを通して説かれているわけです。それがいろいろの部面に現われてくることが、全体のシステムの中に説かれるわけなのです。いろいろの商品は、そのものを生産するのに要する労働時間を基準にして生産される。年々必要とする生産物はいわゆる無政府的に生産されるのですから、価格の運動でその量が調節されるわけです。無政府的というのは、無法則的というのではないのです。無政府的に生産されるからこそ、価値法則という法則によって支配されるようになるわけです。無政府的に生産されるということが、逆に法則的に支配されなければ商品経済は成り立たない、ということになるわけなのです。だから、いろいろな商品が価値法則によって支配されながら、年々必要とされるだけ生産される。もちろんそれは無政府的に生産されるのだから、多かったり少なかったり始終するわけで、それが価格の運動の中へ出てくるわけです。それだからこそ、経済学の原理の中で価値論というのは非常に重要な地位を占めている、と言っていいのです。

それでマルクスの『資本論』は、その価値論に大体そういう地位を与えている。いま論証の仕方が悪いと申しましたけれども、多少そこに私は欠陥があるとは思うけれども、全体にわたっては、この価値法則がシステムを通して貫徹していることを明らかにしている、と言っていいと思うのです。

資本論のプランと恐慌論

ところが『資本論』にもう一つ重要な問題がある。『資本論』にもいろいろ問題点はあるので、私、『資本論』のそういう難問を、自分で今まで始終繰り返し、いろいろの点から問題にしてきた。これはなにも『資本論』をやっつけようとか、あるいはマルクス主義にけちをつけようとかということではないのです。そういう人もあるかもしれないですけれども、そんなのは問題にならない。やはりあれだけのえらい書物ですから、われわれはそこから大いに学ぶべきことを学ぶのがあたりまえだと思う。しかし、学ぶべきことを学ぶというのは、疑問になる点をだまっているということではない。むしろ疑問になる点を明らかにするということが、ほんとうに学ぶということなのです。マルクスが言ったのだから間違いはないというのだったら、もう『資本論』はお経と同じになってしまう。毎朝拝んでいればいいことになるけれども、それでは科学にはならない。マルクスが言っても、やはり間違っている場合もある、ということになると、どこが間違っているか、どう間違っているか、そういう問題になって、そこではじめてマルクスが言っているところの正しさをほんとうにわれわれのものにすることができる、ということが言えると思うのです。

価値論の方は、労働価値説の論証には多少の欠陥はあるけれども、大体、経済学のシステムを貫徹していることを明らかにしていると思うのです。ところがもう一つの問題の方は、これはちょっと重要なのです。きょうのお話はそれをしようと思ってきたのですが、この恐慌論の方になるというと、マルクスはその原因の根本を明らかにするところまでいきながら、これはちょうど逆なのですが、恐慌論をほんとうには『資本論』の中で展開していないのです。

もっとも『資本論』より十年ほど前に書いた『経済学批判』の前の草稿が残っています。『経済学批判』というのは一八五九年に出版されたのですが、それより一、二年前に書かれた『経済学批判要綱』というのがあって、先年、この原稿がソヴェトで初めて本になった。ところがソヴェトはおかしいですね。その本にして出すときに、まずロシア語で出したらしい。そして原本のドイツ語をあとから出した。どういう考えなのですか、これはちょっと僕にはわからないけれども、ロシア語で先に出した。この『経済学批判要綱』の中に、マルクスが経済学の研究のプランをいくつも書いている。こういうふうに順序を立てて研究しようというプランをいくつも書いているのですが、そのプランを見ると、大体、恐慌論は世界市場を論じるときに一緒に論ずるようにしてあるのです。そうすると『資本論』のシステムから言うと、ずっとあとになるわけで、『資本論』を論じた後に国家の財政を論じる、あるいは国際経済を論じ、輸出入貿易を論ずる。それから世界市場を論じ、そのときに恐慌を論ずるということで、「世界市場と恐慌」という二つを並べた題目になっているのです。五〇年代末には、マルクスはたしかにそう考えていたのではないかと思うのですが、『資本論』の原稿ができ上ってしまったときにも、そう考えていたかどうかというのは、ちょっとよくわからない。プランを研究する人が日本にも何人かいて、いろいろやっているけれども、その点はどうもはっきりしないようなのです。一八五七、八年ごろに書いたプランが、一八六七年以後、つまり『資本論』第一巻以後のマルクスの経済学研究で残っていたものかどうかということがはっきりしないのです。

マルクスの人口法則

しかしながらマルクスは、結果においては『資本論』の中で、この恐慌論を明らかにするような、非常に重要なポイントをちゃんと示しているのです。

その一つは人口法則です。資本主義的な人口法則。マルクスの人口法則と言ったら、諸君は言い間違いじゃないかと思うかもしれない。私が高等学校のときに、マルクスをマルサスと間違えて教えたドイツ語の先生がいました。ぼくらが習っていたドイツ語の本の中に、マルクス・ユンゲルというマルクスの若い青年学派という言葉が出てきたのですが、そうしたらドイツ語の先生が、これはかの有名な人口論を著わしたマルサス先生のことだろうなどと言って、マルクスとマルサスを一緒にして話をした。大正の初めごろはそうだったのです。マルクスというのは、まだごく一部の人しか知らなかった。ぼくはもう知っていたのですよ（笑）。ドイツ語のできるあの偉い先生でもマルクスを知らないのかと思って、ひそかににやにやと笑って優越感を楽しんだものです。高等学校時代はそのぐらいの優越感を楽しんでもいいですからね。

マルクスにも人口論があるので、これこそほんとうに人口論なのです。マルサスの人口論なんかいうのはいい加減なもので、ネズミの繁殖率を計算したような人口論なのです。ほんとうにそうです。食物の増加は算術級数的、人間の増殖は幾何級数的だという。算術級数と幾何級数を並べれば、もうそれは食糧がたりなくなるのは当然で、食糧が算術級数で増加し、人間が幾何級数で増加するかどうか、その方は初めに言ってしまえば、あとは算術級数と幾何級数で比較するのですから、論証にならない。これを野蛮人の状態とか、いろいろなことから証明しようとしたのが、マルサスの『人口に関するエッセイ』という書物になっているのですが、あれは経済学でも何でもない。しかし、マルサス自身は経済学者ではないのかというと、そうではないのです。やはり経済学をやっている。マルサスの『経済学の原理』というのはなかなかおもしろい書物ですけれども、人口法則の方はなっていない。そのなっていない方が有名になっているのです。世の中というのは、ちょっとおかしいものですね。マルサスの人口法則の方が有名で、経済学のほうはほとんどの人が知らない。マルサスに『経済学の原理』があるかどうかということも知らない。経済学の先生でも知らない人がいるのではないのかな。

それはともかく、人口法則と言うと、マルサス。もっともネオ・マルサシアンとかいうのがいて、産児制限論なんかが出てくるから、マルサスの名前は非常に有名ですけれども、これはなんにもならぬ。つまり生物学的人口論です。マルクスのは資本主義に特有な人口法則なのです。つまり資本主義が発展すると、いろいろな生産が拡大してくるわけですが、その拡大に応じて労働力も増殖していくのか、という問題なのです。ところが資本主義は人口をうまく調節する作用を持っている。もちろん自然の人口の増殖というのも、ある程度はあります。年々、人口が増大していく。しかし年々の増大で資本の蓄積に応ずるような人口の増殖があるかというと、必ずしもそうはならなくて非常におもしろい方法でそれを資本主義が調節しているわけです。

それは皆さんもご存じかもしれないけれども、資本主義が生産方法を発展させ、労働の生産力が上がれば、労働者単位当たりの道具や機械や原料品というのは多くなります。したがって、資本は非常に多くなっても、人口はそれほど多くならなくてよろしいという関係ができるのです。生産力が上がれば、単位当たりの原料や道具や機械の非常な増大にもかかわらず、人口の方は少なくてすむのですから、人口の増殖と資本の増殖というのは、資本の増殖の方がうんと速度が早くてもいいような関係がある。ただ、それには生産能力が上がらなければいけない。生産能力が上がらないというと人口がたりなくなる、という関係ができてくるのです。生産能力が上がらないというと、資本はどんどんできるけれども、人口がたりない。生産能力が上がれば、単位当たりの資本量が多くていいわけになるのですから、資本の増殖が多くても人口は十分にある、ということになるわけです。この点を明らかにしたのが、マルクスの人口論になるので、資本主義に特有な人口法則です。つまり生産能力を上げながら、実際は相対的過剰人口を作るのだ。つまり、生産能力が上がると、資本に対して人口が相対的に過剰になるような傾向を持っている、ということを明らかにしたのです。

窮乏化法則

この人口法則を発見したマルクスは、とてもうれしかったのではないかと思うのです。ぼくはそこのところをほんとうはよく知らないのだけれども、なぜうれしかったのではないかと思うかというと、これでもってマルクスは非常に勇敢な説を出してしまっているからです。資本主義がどんどん生産方法を改善していくというと、過剰人口がどんどんできてくる。過剰人口がどんどんできてくると、労働者の生活はますます窮乏化する。これが有名な窮乏化法則というものなのです。人口論までは正しかったのだけれども。生産力をますます上げていくと過剰人口がますますできる、過剰人口がますますできるというと労働者はますます窮乏化する。それはそういうことになりますね、過剰人口がどんどんできるのだから。これが有名な窮乏化法則ですが、これがちょっとよくなかった。

日本のマルクス主義者諸君や、あるいは西洋のマルクス主義者諸君もそうですけれども、この窮乏化法則というものを、マルクスの非常に重要な法則のように考えている人がいるのですが、これは困るのです。人口法則までは正しいのです。しかし窮乏化法則は、不断に生産方法が改善されていくという前提に立っている。しかし資本は不断に生産方法を改善してはいかないのです。大きい目で、明治、大正、昭和と時代的な流れを大きく見れば、不断に生産手法を改善してきたと言っていいと思うのです。しかし少し近寄ってみると、いっぺん資本を投じるとどうしても固定資本があるのです。この固定資本を無視して、新しい方法をどんどん採用していくということは資本主義にはできないのです。その点が、この窮乏化法則になる議論の落し穴になっているわけで、マルクスはそこをちょっと忘れてしまったんだな。ぼくのマルクスとは比較にならない小さい根性から言えば、おそらく人口法則を発見したということが非常にうれしかったので、つい勇み足をしたのではないか。そしてそれがエンゲルスのいわゆる産業予備軍というのと結びついてしまって、窮乏化法則というものになったのではないか、というふうに考えるのです。

この点では、恐慌論になる重要なポイントをいっぺん発見しながら、マルクスはそれをうまく使えないようにしてしまった。これは恐慌論に非常に関係があるのです。つまり、恐慌現象というのは、景気の循環の過程の中で、ある時期には労働者がたりなくなる、ある時期には労働者が余ってくる、たりなくなるときがいわゆる好景気で、余ってくるときがいわゆる不景気なのです。資本主義はそういう循環過程を繰り返しながら発展してきている。その過程で労働者が余った不況期に、資本は新しい生産方法を採用する。資本主義はそういうときにとんちんかんな、つまりひっくり返ったことをやるのですね。不況期で失業者が多くて人口が余っているというときに合理化をやるのです。ちょうど正反対になる。儲けになるときには、合理化をやらないで、どんどん拡張するという傾向がある。どんどん拡張すると、必ず資本の方がよけい増殖される。つまり資本の蓄積の方がよけいになって、人間の方がたりない。好景気に生めよふやせよと言っても、そう生むわけにいかないのです、人間は。生めよふやせよと言って、生んだところで間に合わない。ナチスでも、それで弱っちゃったのです。生めよふやせよと一生懸命で言ったけれども、生んだ子が労働力になるまで、あるいは兵力になるまでには十何年かかるのですから、そう簡単にふやすわけにはいかない。

逆に、ちょっとおもしろいのですけれども、不景気になって過剰人口ができたときに合理化をやって、もう一つ過剰人口を作ろうとする。そのかわり、この過剰人口を基礎にして好景気をやろう、という関係ができてくる。これが景気の循環になるのです。恐慌現象というのは、そういう意味では資本の蓄積が労働人口にマッチしないような過剰の蓄積をやる。そういう関係で恐慌現象が起きるのです。これが今申しました『資本論』の中でどうしても説かれなくてはならなかったはずなのに、うまく説けなかった。今申しました窮乏化法則というものがあったために、いつでも労働者は余っているのだということになってしまった。イギリスの一九世紀の五、六〇年代の状況から言えば、あるいはそういうことが言えたのかもしれないのですけれども、理論的にはそれはちょっと言えない。今申し上げましたように、不断に生産手法を改善するということは言えないのです。それはイギリスなんかで、産業予備軍として、過剰人口が事実としてあったということは、もっといろいろな歴史的な状況にかかわることで、ちょっとむずかしい問題ですけれども、その点はきょうお話しするわけにはいきませんが、『資本論』にとっては、そういうわけで、第一のつまずきは、人口法則を発見しながら、資本主義は不断に生産方法を改善して生産力を不断に上げていくから、つねに過剰人口があるとしてしまった点にある。つねに過剰人口があれば、資本は自分の蓄積に障害になるものはちっともないわけですね。そうではなくて好景気が発展して、過剰人口が相当吸収されてきて賃銀が上がってくると、資本の蓄積はそれこそ過剰蓄積になって、資本が過剰になる。今まで資本が一定量の資本を投じて一定量の利益を得ていたのに、それ以前よりもよけいの資本を投じても、前の利益ほどに利益が上がらなくなってくる。こういう関係ができるというと、資本が過剰になるということになるのです。この点をマルクス自身、明らかにしている。明らかにしながら、前に申しました過剰人口がつねにあるという関係から、これを恐慌の理論を展開するのに役立てることができなかった、という欠陥を持っているのです。

『資本論』はそういう意味で、さっき申し上げた価値論が大体軸をなしている。価値論の論証には欠陥があるにしても、全体の体系の中では価値論が貫徹している、と言っていいのです。ところが恐慌論の方は、今申し上げたような人口法則というのを発見しながら、その人口法則をうまく使うことができずに少し行きすぎをして、いわゆる窮乏化法則になったために、資本の過剰というものを十分説くことができなかった。これは実際は、『資本論』の全体の体系にとって、非常に重大な欠陥になっているのではないか、というふうに私は思うのです。マルクスが生きていたら、ちょっとその点は話をしてみたい。ぼくも年をとったから、あの世へ行ったらマルクスに会いたいなんか言っていたけれども、どうもあの世はなさそうだから、マルクスにもう話す機会はないでしょう。だから諸君に話すのだけれども、この恐慌論ができなかったということが、実際は価値法則自身を完成することをもさまたげたのではないか、というふうに思うのです。

労働力商品の価値規定

というのは、諸君は『資本論』なり、あるいはマルクス経済学なりを学ばれて、〝資本主義は労働力をも商品化する〟ということを知った。これは私もそう思うのです。労働力の商品化というのは、資本主義の根本なのです。商品経済が社会の根底まで貫いている。

価値法則が根底まで貫いているというのは、労働力が商品化していることに根拠を置いているのだ、と言っていいのです。ところが、恐慌論、景気循環論ができないというと、この労働力の価値の決定というのが実際はうまくできないのです。マルクスによると、労働力もやはり商品である、だから他の商品と同じように、その商品を生産するのに要する労働時間によって、その価値がきまる。こう言えば、もう非常に明らかなようです。

ところが労働力という商品は、他の商品のように資本の生産物ではない。資本の生産過程で労働力を生産する、そんな資本はないですね。もしも資本が労働力をも商品として生産して、労働力のカン詰めができたとしたら、これはちょっとおもしろい。余ったらみなカン詰めにしておき、足りないときに、そのカンを切れば労働力が出てくる。これだったら簡単なのですけれども、労働力というのは、商品ではあっても直接には生産することができないのです。だから労働力を生産するのに必要な労働時間というのは何か。諸君もあるいは、それは労働力を商品として売る労働者の生活資料を生産するのに要する労働時間が、労働力の商品としての価値なのだ、という答えをもって満足しているかもしれない。

しかし、その生活資料というのは、どれだけが労働力の生産に必要なのか、これはどこできまるか。この点が『資本論』でもはっきりしていないのです。労働力を生産するのに要する労働時間、それは労働者の一日の生活資料を生産するのに要する労働時間。それでは一日の生活資料というのはいったいどの程度なのかといえば、その最低限界は生理的な最低限だろう、しかし一般的には歴史的な生活水準があって、それによってきまるのだろうということになる。マルクスも大体そういうことを言っているのです。しかし、これはちょっと経済学をはずれているので、これでは困る。

マルクスは、アイルランド人は馬鈴薯を食って生きているから、イギリス人よりも生活水準は低くていいのだ、賃銀が安くていい、それが当然だというようなふうに言わんばかりに言っているのです。〝言わんばかりに言っている〟というのは、少し不明瞭な言い方だけれども、そういうふうな口ぶりをもって言っているのです。これはどうもいけない。いまの恐慌論ができていないということと、一日の生活資料、つまり生活水準というのは何によってきまるかという点がはっきりしていないこととの間には関連があるのではないか。前に申しましたように、一般の商品であれば、多ければ値段が下がる。値段が下がれば、そのものを生産する資本が減ってくるわけです。少なければ値段が上がる。そうすれば、そのものを生産する資本が多くなる。労働力は値段が上がる。経済学者の中には、好景気で労働力の値段が上がると結婚が盛んになって子供がふえる。そして子供がふえると労働人口がふえるから賃銀が下がるという人がいる。〝その間の期間はどうなるのでしょうか〟と聞きたくなるけれども、そういうことを考えた経済学者もいるのです。

そんなことはないのです。生活水準がきまるというのは、労働力商品の特殊の関係です。他の商品は、それを生産するのが多ければ資本が減ってくる。少なければ資本がふえて増産するというので、価格の運動で調節されるわけです。これが価値法則になるわけでしょう。直接そのものを生産するのに要する労働時間できまるということになる。労働力というのは、直接生産することができないのです。一日の労働力を生産するということは、労働者にとっては生活それ自体なのです。だから飯を食うと、必ず労働力を商品として売らざるを得ないという社会的な関係から労働力が商品化してくるだけの話で、飯を食うときに、あくる日の労働力商品を生産しつつある、という関係は成り立たないのです。だから労働力を再生産して、飯を食っても、あくる日ストライキをやっても、やれないことはないわけです。資本家が作った商品を売らないということはないのですけれども、労働者はストライキをやるかもしれない。飯を食ったら自分の体の中に労働力が生産される、これは必然的に売るものだ、という関係ではけっしてない。やはり労働者がそれを商品として売らざるを得ないという社会関係から商品化しているだけである。資本家が自分で作った商品なら、これはもうどうしても売らなくてはならない。商品のストライキをやろうなどということはできっこないわけで、そういう点で意味が違うわけです。

言いかえれば、労働者は一日の生活資料を得て生活しているのです。生活している結果が労働力になっている。それを再び商品化することになる。商品を生産しているのではなくても、労働力をいつも商品化していくほかないわけなのです。そういう関係があって、はじめて労働力を商品化するのですから、どれだけの生活水準を持っているかということは、実際上は景気の循環の中できまってくるのです。経済学的には、そう言わなければつじつまが合わない。労働力を生産するのに必要な労働時間というのは直接にはない。直接ないとすると、一日の生活資料できまる。一日の生活資料というのはどれだけか、ということになるというと、これは資本と労働者との関係で、景気の循環の中で水準ができる。つまり好景気の過程ではある程度生活水準が上がり、不景気の過程の中ではそれが下がる、また好景気がくれば、ある程度生活水準が上がるというので、一定の歴史的な生活水準ができてくるのです。

つまり、景気循環論、恐慌論というのは、結局、労働力商品の特殊な価値規定を明らかにするものだ、ということが言えるのです。ちょうど一般商品の価値が労働価値説によってきまるのと同じように、労働力商品の価値規定は、恐慌を中心とする景気循環の過程の中ではじめてきまるのだということ、つまり歴史的にきまるということが言えるわけです。ただ、アイルランドとイングランドとでは歴史的に違うから賃銀が違うのだ、というだけでは意味をなさないわけです。これは経済学の、たとえば労働価値説で、労働力が商品化して売買されると言ったときにも、諸君がそれを講義でお聞きになって、常に疑問になる点だと思うのです。いったい生活水準なるものはどこできまるかということ。それは歴史できまるのだ、と言っただけでは、経済学にならないわけです。これは理論的にはやはり恐慌論の中で、つまり恐慌論を中心とする景気循環論の中できまってくるといわなければならないわけです。そうすると、そこで初めて一般商品も、それから一般商品を生産する労働力商品も、価値規定が経済学の原理の体系の中できまってくるということになってくるのです。恐慌論というのは、なぜ資本は物を作りすぎて失業者を出すか、という点を明らかにすると同時に、労働力商品の特殊な価値規定を明らかにする。実際でいうと、ただ失業ができるということを恐慌論が明らかにするのではなくて、失業ができると、その失業を基礎にして好景気を展開する。それがまた恐慌を通して不景気になり、また新しく好景気になる。これが資本主義的な循環過程になるわけです。そして、その過程で、いま申した労働力商品の価値がきまるということになれば、全体のシステムが統一された規定になってくると思うのです。

『資本論』は価値法則を貫徹させるように説いているのですけれども、恐慌論を自分のシステムの中へ入れて十分に説くことができなかったために、どうも全体のシステムがうまく完結していなかったのではないか、というふうに私は考えるのです。

私は『資本論』の著者に、最大の敬意を表しているのですけれども、敬意を表するということは、初めにも申しましたように、けっして単純に『資本論』の著者を神様のように考えたらよろしいというのではないのです。むしろマルクス自身が何を求めていたか、マルクスの書いたものがマルクスの結論だというのではなしに、マルクスが求めていたものをわれわれが一緒に求めようというのが、マルクス主義の、またマルクス主義を科学的に基礎づける経済学の研究の目標になるのではないか、というふうに考えるのです。

（一九六六年十月、武蔵大学土曜講座）

社会主義と経済学

マルクス主義とは何か

「社会主義と経済学」という題でお話ししようと思うのです。

社会主義といってもいろいろあるわけですけれども、私たちが考える場合にはだいたいマルクス主義と考えていいと思うのですが、もっともほかの社会主義を主張する人もあるのですから、私が考える場合といったほうがいいかもしれません。

しかし最近の、たとえば中ソ論争なんか——私、中ソ論争はほんとうはちっとも勉強していないので大きいことはいえないのですけれど——、新聞なんかでみると、どっちもマルクス・レニン主義というのですね。それは相手が修正主義とか教条主義とかいうので、どっちも自分のほうがマルクス・レニン主義だといって争っているのです。これはどっちかが正しいか、あるいはどっちもだめなのか、その二つだろうと思うのです。ことによると、どっちもだめなのかもしれないと思ったりするのですが、これは詳しく研究しないとなんともいえないと思うのです。

ただ、あれをみると、どうもマルクス主義というのはなかなかむずかしいものだということを考えざるをえないのですね。相当の人がいるのだろうと思うのですが、それが両方とも、おれのほうがマルクス・レーニン主義だといっているのですから、マルクス・レーニン主義とは何ぞや、というのをもういっぺん考え直してみるということも、そうむだなことではないような気がするのです。

これはあるいは、もっと深く研究するとわかるのかもしれないのですけれども、私が中ソ論争をあまり勉強していないから、そういうふうに考えるのかもしれない。しかし、ときどき私の知った学生諸君が、〝先生は中ソ論争をどうお考えになりますか〟というようなことを聞くのです。それで私はよくわからないからどっちつかずの返事をすると、〝どうも逃げている〟と言ったりする。逃げているわけではないのです。よくわからんからそう言っているのです。そこで、マルクス・レーニン主義とは何であるか、というのをもういっぺん考え直してみてもいいのではないか、こういうふうに思って「社会主義と経済学」という題で話してみようかと、このあいだから考えていたのです。

マルクス・レーニン主義というのは、マルクスやレーニンが書き残したものをいうのだと考える人が非常に多いのではないかと思うのです。はたしてそういうものかどうか、これが問題だと思うのです。マルクスやレニンが書き残したもの――マルクスなんかは、高等学校ぐらいのときの作文から残っていますから、あれがマルクス主義かということになると、これはたいへんなことになるのですね。どこからがマルクス主義かというので、ちょっとなかなかきめにくいのではないかと思うのです。そんなことを言うと、〝あいつはまぜっ返しを言っているのだろう〟とお考えになるかもしれないけれども、そうではないのです。まじめに考えて、マルクス・レニン主義というのはマルクスやレニンが書き残したものをいうのか、ということをいっぺん考え直してみる必要があるのではないか、こういうふうに私は思うのです。

しかし、どうもそういうふうに、大ぜいの人が思っているらしい。というのは、私、戦前はそうではなかったけれども、戦後になって『資本論』に対する疑問を相当自由に発表してきているのです。『資本論』に対する疑問は戦前から多少もっていたのですけれども、戦前はちょっと心理状態が違っていて、そういうものを発表するということはよろしくないという考えが非常に強かったのです。つまらん人がつまらん批評を『資本論』に対してよくするものですから、それといっしょにされるのはかなわん、という気持が非常に強かったのです。

戦後になるというと、いろんな人がみんな共産党に入ったり、社会主義を主張したりしているのですから、これならば自由に論議することができると考えて——これは多少はそのあいだに『資本論』の勉強がすすんでもきて、戦前にはよくわからなかったところがだんだんとわかるようになり、わかってくると前にもっていた疑問がもっと明確にもなり、新たに出てもくるというわけで、『資本論』に対していろいろな点で疑問の点を挙げて、自分はどうもこうは考えられないがということを、しばしばしゃべりもするし、論文にも書いてきたのです。

そうすると驚いたことに、『資本論』に対する少しの疑問でももつことは許されないという態度で、私の論文を非常に激しいことばで批判する人が非常に多いのです。どのくらい批評を受けたか、ちょっと数えきれないくらい批評を受けています。中には、日本共産党の『赤旗』まで、去年（一九六三年）でしたか、修正主義だとかいって書いておりました。学問に修正主義はないと思うのです。学問では間違っていれば直すのがあたりまえなのです。政治運動には修正主義と正統派というのがあっていいと思うし、これはもともとあったのです。いまの修正主義、教条主義というのがどういう意味か、いまの中ソ論争ではよくわからんですけれども、昔はあったですね。

たとえば、ベルンシュタインが修正派の主張をした。これはエンゲルスが亡くなると、じきやったのですが、あれはどういうのですか。ベルンシュタインというのはエンゲルスの非常にかわいがっていた弟子だったのです。私が見たときにはだいぶ年をとっていましたけれども、そんな悪い男のようには見えなかった（笑）。だけど修正派の主張をみるというと、これはひどいのですね。あれだけマルクスを勉強し、そしてエンゲルスの下に何年もいて、いろいろなことを知っている人が、どうしてあんなむちゃなことを言うのか。しかし、むちゃなことを言ってはいるけれども、それを言う理由はあったのですね。ここに修正派の問題があるわけです。

カウツキーなんかは一生懸命その間違ったほうを、つまり『資本論』についての間違った理解をやっつけるだけで、その根本にあった理由のほうをやらなかった。だから、後にヒルファディングの『金融資本論』やレニンの『帝国主義論』というような本が出てきてカウツキーのできなかったことをやるのですね。つまり修正派のでてきた根本には、やはり一八七〇年代以後の新しい時代、金融資本の時代、帝国主義の時代というものが出てきたために、そういう修正派の主張が出てくるような、その根拠があった、こうみていいと思うのです。

マルクス自身は、帝国主義時代を知らなかった。一九世紀の八〇何年かまで生きていたのですけれども、ほんとうには知らなかったといってもいいのではないかと思うのです。

多少は知っていたかもしれない。エンゲルスはだいぶ知っていたと思うのですけれども、それでもまだはっきりとは理解しなかったといってもいいのではないでしょうか。

そういう点で、帝国主義とか金融資本の時代が出てくると、そういうものが出るとは予想しなかった『資本論』そのものに、ちょっとやはり理論的には疑問をもってもいいような面がたくさんでてくることになる、こういうふうに私は考えるのです。

だからそういうときに、ベルンシュタインのような運動のうえの修正主義ではなくて、理論のうえの修正だったら、これはやっていいのではないかと思うのです。それこそほんとうに現代にマルクス主義を生かすひとつの道ではないか、こういうふうにぼくは思うのです。

それを、『資本論』というのは絶対に一字一句動かせないものだなどという人がいる。そういうことをマルクスが聞いたらびっくりするのではないかと思いますね。マルクスが書いた『資本論』は、あれは聖書ではないのですから、毎朝読んでいれば次第にわかるというようなものではないのです。科学的な書物ですから。それを、一字一句動かすことができないとは……。聖書とかお経とかいうことになると動かしてはいけないでしょう、しかし『資本論』は、そういう書物ではないだろうと私は思うのです。

そういう意味では、修正があってちっともさしつかえがないのですね。修正があってもマルクス主義が残っているということになると、何がマルクス主義なのか。書き残したものが修正されても。これはマルクスやレニン自身でも、書いているうちにはいろいろ直していかなくてはならないような場合もあったろうと思うのです。だからマルクス主義自身も、そういう点では、ある程度修正されつつ発展してきたのだと、こう考えていいと思うし、まして学問上の点からいえば、修正してちっともさしつかえない。『資本論』に疑問をもつというだけで、すぐ修正派だなどという考え方は、マルクス主義をほんとうに守っている人とは、どうしてもぼくには思えない。やはり『資本論』も理論的に間違いがあれば直してよろしい、そしてそれこそマルクス主義の精神である、こういうふうに考えていいのではないかと思うのですが、どうでしょう。ぼくはそういうふうに考えて――もちろん『資本論』が間違っているとは、ぼくははじめからは言わないのです。間違っていると思っても、みなさんが賛成してくれれば直してもいいのではないでしょうかと、はじめのうちはそう書いたのです――大ぜいの人がこれは間違っているとみんなで思うなら、マルクスが書いたものでも直してもいいのではないか、こういうふうに書いて疑問を出していったのですが、それでもやはりきかない、みんなは。『資本論』に一指をも触れるべからずなどというような、えらいきついのがたくさんいるのです。

そして、たいていそういうような人はつまらん批評をするのです。マルクスが見たらこんなことをおれは言わん、というようなことをやっているのです。つまり、マルクスがもたなかったような疑問を、われわれはもっているのですから。というのは、マルクスが生きていた時代と違うわけですね。われわれは帝国主義時代を経て、そして帝国主義戦争というのをみてきているわけです。そうするといろいろの疑問が出てくるわけです。帝国主義時代を知るということは、『資本論』のようなああいう書物を勉強するのにも縦横の変化を要求しうるのではないか。私はそれを、戦前からも自分の考えはあったのですけれども、しかし自信はなかったから、少しずつ出していったのです。そして反論を受けてみると、だんだんと私の言うほうが正しいことになってくる。つまり反論のほうがつまらんものだというのをしばしば、ほとんど十何年間にわたって始終、経験をしてきているのです。

そういうことから考えると、どうもマルクス主義というのは、そう簡単にマルクスが書き残したもの、レニンが書き残したものとはいえない。やれマルクスが何年にはどういうことを書いたといえば、もうそれでマルクス主義になるというふうに考えるのは、どうしても誤りではないか。もちろん、それは正しい場合もたくさんあるのです。これはちょっと忘れないように願いたいのです。私がそう言うと、それではマルクスの言ったのはみんな無視してよろしいという非常な過激派が出るのですけれども、これは困りますね。そうではないのです。マルクスの全集をご覧になるとわかるように、相当あるのですからね。

あれだけものを書くほどにものを考えているというのは、これはたいへんなことですよ。レニンの場合でもそうですね。あれだけのものを書くのには、やはりそうむやみなことを考えて書けるわけではない。それには相当の基礎があってできているので、そう簡単に疑問を提出したり、訂正したり、そういうことはできないと思うのです。

だから私ははじめから自分で、これはマルクスが間違っているとは言わないで、これはどうもわれわれには疑問なのだが、これは直したほうがいいのではないだろうかと、こういう形でしじゅう問題を出してきた。そして反論を受けてみるというと、だんだんと私が主張するほうがなにか正しいような気がして、最近では非常にそこに確信をもってきた。これはマルクスに悪いと思うのですけれども、どうもしょうがないのです。ばかな反論がたくさんあるものだから、そういう確信をもってきた。ことによると私のほうが間違っているのかもしれないのだけれども、間違っていてももうしかたがない。相当のとしですから、もうこれから、はじめからやり直すというわけにいかない。もう間違っていても、あいつはどうもかわいそうなやつだけれども間違っていたということになっても、まあしかたがないと思って、自分の考えを率直に述べているのです。

マルクス主義というのをどういうふうに解釈するかというのがいまの問題なのですが、エンゲルスはこういうことを言っているのです。『空想から科学への社会主義の発展』という、『アンチ・デューリング』から抜粋して書き直されたものがありますが、あの中だったと思うのですけれども、「社会主義は唯物史観と剰余価値の理論とで科学になった」といっているところがあったと思うのです。これは重要だと思うのです。もっともエンゲルスのあの本は、ずっと全体を読んでみても、わかったようなわからないような、わかりにくい本ですけれども、ともかくエンゲルスがそれをどういう意味で言っているかを考えると、なかなかむずかしい問題が残ると思うのです。ことに〝唯物史観で科学になった〟というのは、少し言いすぎではないかと思うのです。〝剰余価値の理論で科学になった〟というのは、これは経済学で、つまり『資本論』で科学になったと、こう言いたいのだろうと思うのです。『資本論』の理論というのは、唯物史観を科学的に証明するためにやったマルクスの事業ですね。マルクスにとっては、おそらく社会主義を科学的にするということが重要な任務だったのではないかと思うのです。

私は非常に簡単だけれども、マルクス主義というのは科学的社会主義だと、こういうふうに考えているのです。だから科学としての経済学自身に間違いがあれば直すというばあい、マルクス主義自身を直すのではないのです。みんな、それをとり違えているのですね。科学としての経済学の理論を、たとえば剰余価値の理論をそのままマルクス主義だというふうに考えてしまって、それに間違いがあるというと、マルクス主義も間違っているというようなことになるけれども、そうではないのです。これは、経済学の理論がより正しくなればなるほど、マルクス主義はますます科学的になる、こういっていいような、そういう関係ではないかと思うのです。

私はそういう意味で、マルクス・レニン主義ということを、中国やソヴェトがどういうふうにいっているのか知らないけれども、あるいは科学的にどういうふうなことを主張しているのかよくわからないけれども、そういう点でもういっぺん、マルクス主義とは何かということを考え直していいのではないかと思うのです。

いま申しました〝剰余価値の理論で社会主義が科学的になる〟という意味では、私、賛成なのですが、それがどういう意味かということについては後にもういっぺん私の考えをお話ししようと思います。

さて、その前の〝唯物史観で社会主義が科学になる〟、この点はちょっとむずかしい問題ですね。マルクス自身は、唯物史観という考え方をもってきて、そしてそれを明らかにするのには、ブルジョア社会の経済的な土台を明らかにしなければならぬ、こう考えて経済学の研究に入ったわけです。そして唯物史観に支えられながら経済学の研究をだんだんとすすめていったというのが、唯物史観の例の『経済学批判』の序文に書いてあるところです。

しかし、マルクスが考えた経済学というのは——これは『資本論』の序文にそう書いてありますけれども——、資本主義社会の経済的な運動法則を明らかにすると同時に、その運動法則というのがただ資本主義社会が動いているという運動法則だけでなくて、発生、発展、消滅の過程をも同時に明らかにする、こういうものとしてマルクスは考えていたようですね。この点が非常に問題になる点ではないかと思うのです。『資本論』でいつも問題になる点は、資本主義の経済的な法則自身を明らかにすると同時に、その発生、発展、消滅の過程を明らかにできるのかどうか。同時にやれれば、これは非常に便利なのですけれども、同時にやれるかどうかというのが非常に問題ではないかと思うのです。その一例を話してみたいと思うのです。

資本主義的蓄積の歴史的傾向

『資本論』の第一巻の「資本の原始的蓄積」あるいは「本源的蓄積」と訳されている二十四章というのは、ちょっとおもしろい章なのですね。というのは、資本主義になる以前、資本主義になる過程を取り扱っている。つまり、だいたいイギリスの一六～一七世紀をとって、資本主義の原始的な蓄積を説き、そして資本主義になってからの資本の蓄積はその前の章に説いているのです。ちょっとこれは方法的におもしろい問題ですね。二十三章のほうに資本主義的な一般的法則を説いて、そのあとの二十四章になって、その前提になるいわゆる資本の原始的蓄積を説いているのです。

この章はなかなかおもしろいので、まだ『資本論』をお読みになっていない方がいたら、ぜひ読んでいただくといいと思うのです。これは、なにもそうむずかしい理論ではなくて、すぐにわかる章なのです。その次の二十五章といっしょに読んでいただくとなおよくわかる。これは『資本論』に入門するのにいい章だと、こう考えていいと思うのです。これは歴史的な過程を書いてあるのですから、理論はそう言わないでもわかるのです。わからんところはとばして読めばいい。『資本論』の一字一句をわからんところを考えてとうとう一生を過ごしたということになると、ついに読めないことになりますからね。あれだけえらい本ですから、わからんところはすっと通ったらいいのです。そしてもういっぺん読めばいいのです。ほんとに、そうかたくならずに読むということが、やはり必要だと思うのです。

二十四章の「いわゆる原始的蓄積」という章はおもしろい章ですが、その第七節に「資本主義的蓄積の歴史的傾向」と訳されている節があります。これは、ことによると、いままでみなさんがお聞きになったことのある文句がたくさん出てくる節なのです。例の「収奪者が収奪される」とか、「資本主義の最後の鐘が鳴る」とかいう名文句が出てくるところですね。あるいは「否定の否定」、「一種の自然的過程の必然的な現われとして否定の否定が行なわれる」とかいうふうな、なかなかおもしろい、聞くとなるほどと思うような言葉がたくさん出てくる。原始的蓄積の章のなかではこれはちょっとむずかしい節です。

この節は、いまの原始的蓄積とはちょっと違って、資本主義自身に原始的蓄積というはじめがあるとすれば、終わりがある。はじめがあるから終わりがあるのだという、その締めくくりをやっている節なのです。ところが、これが非常に問題な節なのです。もちろん原始的蓄積を二十四章で、『資本論』第一巻の終わりで説いているということ自身も、経済学の方法のうえからいうと非常におもしろい、またむずかしい問題なのです。これはなかなか興味のあることで、たとえばどうして資本の生産過程の始まるところで原始的蓄積を説かないで、あとのほうで説くのか、というような問題が必ず出てくるのですね、『資本論』を読んでいると。われわれ、ことに『資本論』をやや職業的に読んでいるものにとっては、どうしてもそういうことが問題になる。共産党の人や社会党の人は、そんなに職業的に読んでいるわけではないから、そんなことは問題にしないと思うのですけれども、われわれ職業的に読むものはどうしてもそういうことは考えておかんと、学生諸君から質問を受けたときに困るのですよ。ほんとにそうなのです。むしろ、しばしば困ったあげく考えるようになったと言ってもいいかもしれない。私ももうこれで四十年近く、もっとも途中にブランクがありますけれども、学校の先生なんかしているものですから、いろいろな人から質問を受ける。そうすると、そういう中になかなか天才的な質問が出てくるわけです。なぜここにあるかというような質問が出てきたときに、これはこういうわけだというのを、ちょっと先生らしく答えなくてはならない、月給もらっているのですから。答えないというと、ちょっと怠慢のそしりを免れないことになる。あれがどうしてあそこで説かれているか。ちょっとこれはむずかしいです。大学だとまあ〝ちょっとむずかしいねえ〟などといって、少しごまかしたりする先生も出てくるかもしれません。私もたびたびそれをやってきたわけです。ほんとにむずかしいのだから、ごまかすわけではないのですけれども。

ただ、終わりの節になると、これはちょっとむずかしいどころではないのです。たいへんなのです。私の考え方からいうと、あれはまったくどうしても承服しえない節になっているのです。いままでもたびたびその点は論文やなにかで指摘したりしているのですが、きょうはみなさんにその節のあらましを少し立ち入ってお話しして、そしてどういう点が私自身に問題になるかということを、簡単にお話ししてみたいと思うのです。

自己労働にもとづく所有の否定

あの節の前の六節までは資本の原始的蓄積を説いてあって、そして第七節に入ると、〝いわゆる資本の原始的蓄積というのはいったいどういうことになるか〟、こういう質問を出してくる。これは農奴や奴隷なんかが、賃銀労働者に形が変わって――マルクスはよく形が変わるということをいうのですが――、直接賃銀労働者に転化するという場合を除くと――この除くというのがちょっと重要なのですが――、自分の労働で自分の作ったものを私有するという、つまり直接その生産者が自分の生産物を私有するという、その関係を否定することになる、原始的蓄積というのはそういう過程だ、ということをいっているのです。

原始的蓄積の意味を簡単に申し上げますと、原始的蓄積というのは、基本的にいえば農民と土地とを分離することです。そうすると農民は土地を持たない農民になる、これでは自分でお百姓をやるわけにいかなくなる。賃銀労働者として労働力を売るよりほかに生活できないものになる、というのが原始的蓄積なのです。資本の蓄積というと、なにかこうお金を貯めるほうをすぐ考えるのです。確かにお金を貯めるということが資本の蓄積なのですけれども、ただお金を貯めたというのでは資本の蓄積にはならないのですね。相手がいない。生産手段を失った労働者ができないとだめなのです。それだから土地と農民、あるいは手工業者と職場、そういうのが離れてくる、その過程が原始的蓄積になるわけです。マルクスは最初にその点を規定する。いま言ったように農奴、奴隷その他が賃銀労働者に形態的に変わるというのでないかぎりは、直接の生産者が生産手段を失って、自分の労働による私有というのがなくなってくる関係、つまり資本家的な生産に入ってくる関係が資本の原始的蓄積の過程だ、こういうことをまず言う。そしてそれにつづいて社会的、集団的な所有に代わる私有制について、労働手段その他の労働の条件を生産者がもっていない場合と、直接もっている場合と、私有にもこの両極端がある、つまり一方は、土地なり、そのほかの生産手段をもっている人で、しかもそれがもう労働しない資本家のようなものになっている場合と、他方は、直接の労働をする労働者が生産手段をもっている、いいかえればお百姓が土地を持っている場合、職人その他の手工業者が職場と原料品、あるいは道具を持っている、あるいは原料品を買うお金を持っている、そういう場合とをあげて、両極端があることを指摘しているのです。原始的蓄積の対象をそこで考えるわけなのです。

そのときに、こういう小経営の——直接に生産手段を労働者がもっているのですから経営はどうしても小さくなる——生産方法は、農奴的な、あるいは封建的な関係の内部でも存在するけれども、そうでなしに、自由な生産者が直接に生産手段を持った場合に、もっともよく発展して典型的な姿を見せるとして、いわゆる小生産者の世界をそこでわれわれに示してくれるわけなのです。具体的にそれがどういうふうになっているかというのは、ちょっとむずかしいのです。これは経済史のほうでいろいろ問題になるかもしれないのですが、マルクスはそう言っているのです。

ただ、こういう生産方法であるかぎりは、労働の社会的な生産力というのは発展しっこない。非常に小さいスケールの生産しか行なわれない。こういう生産方法のもとにおいて、それがある程度の高度に達すると自分自身を破壊する……。――ここがしかし何べん読んでみても文章がよくわからない。こういうと、あいつよく『資本論』を暗記しているなあ、とお考えになるかもしれないけれども、実際のところもう何べん読んだのかわからんのです。無限にと言うとおかしいですけれども、ほんとに数えきれないぐらい読んでるから、だいたい私には頭の中にあるのです。ほかの章はそんなにはないのですよ。あれは、非常に自分にとって問題の章だから。私は問題にするところは、『資本論』でも腹が立つまで読むのです。読んで読んで、もう、読むにたえないところまで読むのです。そうすると、だいたいなにかこう自分の疑問とするところも、あるいは自分のいままで解釈していたのが誤っていたというところもだいたいわかってくるのです。この節はもうずいぶん何べんも読んでいるから、おおよそわかっているのですけれども、ただ、そこがむずかしいのです。

マルクスは、この生産方法は一定の高度まで達するというと、自分自身を否定する、自分自身を破壊する物質的手段を生みだす、とこういっているのです。おそらくこれは、一六〜一七世紀の資本主義の発展の初期の生産力を意味するのではないかと思うのです。しかし、そういう生産力は小経営の生産方法自身の内部でできるのか、あるいは外部から刺激を与えられてできるのか、そこがちょっとむずかしいのですね。ここが非常に問題なのですが、とにかくそういうふうに言う。そして、それでこの生産方法はついに破壊される、自分の生みだした物質的な力によって破壊される、とこういうふうに説いて、そしてこれによって資本主義社会の、つまり資本家的な生産関係の成立をあきらかにする。もっともここではマルクスは生産関係ということばを使わないのです。これはあとで申しますが、ともかく、ここで資本家的な生産方法が展開されることになるのですね。いいかえれば、資本のもとに大ぜいの労働者を集めて、そして生産をやっていく社会的な生産能力、それによっていままでの個人的な小経営的な生産方法から資本家的な生産方法に変わる。こういうことを、ここで言っているわけです。これが、後に言いますけれども、まず第一の否定なわけです。それで原始的蓄積も、その中のもっとも特徴的なものだということをマルクスは言っているわけです。

新しい収奪関係の成立

ところが、この資本家的な生産方法がある程度まで発達して自分の足で立つようになると、つまり資本主義が確立してくると、今までとちがって新しい収奪関係がでてくる。自分の足で立つようになるというのは、なかなか意味深長なので、おそらく〝資本主義の初期の重商主義の時代を脱する〟という意味だと思うのです。初期には、政策で大いに補助されて資本主義が発展してきていますから、そういう時期を脱すると、こんどは新しい収奪関係が現われる、こういっているのです。いままでのは、大ぜいの小生産者を少数の人びとが収奪したのだ。収奪というのは搾取というのと違うのです。搾取というほうは、労働力を商品として買って労働力の使用価値を使うというと、つまり六時間の代価を払って買った労働力を十二時間使うというと、あと六時間が搾取されるということになるのですね。収奪というほうは財産を取り上げるやつです。向こうの持っているものを取り上げるのです。これが収奪なのです。だから賃銀労働者になるというと、もう収奪の対象には理論的にはならんことになるわけです。搾取の対象になるわけですね。搾取と収奪というのは、経済学的にはどうしても区別しなければならないのです。

マルクスはしかし、ここでは搾取の問題はいわないで、資本主義が一定の程度にまで発達してくると新しい収奪過程が起きる、そしてそれは資本主義に内在する経済的な法則によっておこなわれるという。この、内在する経済的法則によってというのは、資本の集中によってということなのです。集中というのは、これもちょっと講義みたいになってしまいますが、知っている人も大ぜいいるのだろうけれども、知らない人もいるかもしれないから、ちょっとがまんしていただいて、集中というのをお話ししておきます。

集積というのは一定の資本の塊をいうわけです。会社でいえば何百万円の会社ということになると、それに相応した資本の集積があるわけです。この集積されたものをひとつに集めると集中になるわけです。私がちょうど大学の学生のころ、大正九年ごろに、山川均さん——先年亡くなりましたが、私、個人的に知っていて、ときどき家に行ったこともあるのです——が、『資本論』は訳していなかったのですけれども、『資本論』の解説本を訳していたのです。集中と集積ということばがその頃まだ日本語になっていないのです。コンセントレーションとセントラリゼーション。それで山川さんは私に、お前は大学の学生だから、大学の先生のところに行ってコンセントレーションとセントラリゼーションはどういうふうに区別して訳すのか聞いてこいといわれた。そこで私、ある先生に聞いたのですけれども、よくわからなかったですね。『資本論』を知らなかったのだから、どうも無理はない。『資本論』ではじめてそういう特殊な概念がでてきて、それに日本語訳をつけることになるのですから。集積というのは資本の塊、集中というのはそれをもういっぺん合わせることですね。会社の合併をする。
もっとも会社自身が、ひとつの関係をとおして最初から資本の集中をしている。それだから、そのうえにまた会社同士が集中されるという過程ができるのですが、マルクスもここで、資本の集中過程を論ずるわけです。少数の大資本が多数の小資本を集中していく。そうすると集積が大きくなる。つまり資本の経営が大きくなってくる。そうすると社会的な生産能力をうんと上げることができるのですね。機械や設備やいろんなものを改造していくことができるわけですから、科学的な技術をどんどん利用していく。つまり資本主義がある程度まで発展してくるというと、こんどは集中過程が資本主義の内在的な法則によって行なわれてくる。そのときには大資本が小資本を集中していく。そうすればますます社会的な生産能力を上げることができる。

この社会的な生産能力、これは自然力を技術によって非常に有利に使うわけです。技術的な変革をやるわけです。いまも合理化とかいろいろなことをやろうとしているのはみなそうですが、集中過程でそれが行なわれることになるのだということです。

ただ、この集中過程で行なわれる、そういう大資本ができるときの社会的な生産力からの利益というのは、大資本がこれを独占する、こういうふうにマルクスは書いているのです。いまわれわれが使う独占とはちょっと意味が違うのです。もっと広い意味でいっているわけです。そういう利益を独占するようになる。それと同時に、労働者の窮乏がどんどん進んでくる。いわゆる窮乏化の法則によってどんどん進んでくる。しかしここで窮乏化を説くと同時にすぐ、しかしこの社会的な生産方法の発展は必ず労働者の組織力をもつくっていく、そして資本主義に対する反抗の力をつくっていく、こういっているのです。

労働者の窮乏化と組織的反抗

資本主義の蓄積論の中で説かれている窮乏化法則というのがあります。よく問題になっている。しかし窮乏化法則というのは正しいのだということを言おうとすると、それを実証するのはなかなかむずかしい。窮乏化していないではないか。それは植民地をもっているからだ、植民地がなくなっても窮乏化しないのはどういうことか、こういうふうなことになって、社会主義者諸君がいつもなにかこう責任を負ったような顔をして言っているのですね。労働者がますます窮乏化すると言わないと、なにか悪いような気がするらしい。ことにインテリから入った社会主義者はみなそういうことを言うのですね。あれはしかし、マルクスが人口法則のところで説くときに、ちょっといけなかったのではないか。窮乏化がそこで絶対的な法則になるなどと言わないほうがよかったのではないかと思うのです。

蓄積論のところでマルクスは窮乏化を説いているわけです。ところがいまの節では、窮乏化を説くと同時に組織化を説くのです。これはおもしろい点ですね。ぼくの友人の向坂逸郎君なんかは、窮乏化だけを言っているわけではない、組織化も言ってるじゃないか、と言う。カウツキーもそう言っているのですけれども、それは少しおかしいのですね。窮乏化を説くのは蓄積論のところであり、そこでは組織化は説かないのですよ。この節でははじめて窮乏化と同時に組織化を説くのです。それはおもしろい点ですね。カウツキーとベルンシュタインの論争のときにも――ベルンシュタインのほうも、そこの点は意味がわからずにカウツキーに食ってかかっているのですけれども――、両方ともその場所の意味がわからずに論争しているのですから、修正派と正統派とどっちがいいのかよくわからんようなことになってくるのです。しかし、あれはわれわれのように職業的に『資本論』を読んでいないのです。政党運動で非常に忙しい人たちですから、それは無理はないのです。われわれのように学校で教えながら、とにかくそういう意味では非常に恵まれた状態で『資本論』の勉強ができる。カウツキーやベルンシュタインはそうでない。レニンでもそうでないですね。だからレニンなんかが、たとえばわれわれが知りたいという疑問をレニンの書物で解いてくれるかというと、解いてくれないのです。しかし、あれは頭がいい。やはりカウツキーよりもちょっといいとみえて、若いときから『資本論』の非常にいいところをつかんでいる。たとえば『ロシヤにおける資本主義の発達』などは、非常に若いときに書いた書物です。もっと前の書物でもそうですが、『資本論』の非常にいいところをつかんでいるのです。もっともわれわれが疑問とするところを教えてくれるかというと、そうでない。あれは学校の先生をしなかったからです。学生の質問を受けなかったのだろうと思うのですね（笑）。われわれは、学生の質問をしじゅう受けているのですから。そうするとやはりつまらんところでも考えておかないといけないということになるのです。

だから、この点はちょっと考えなくてはいけないのです。窮乏化というのは蓄積論で説いている。蓄積論で説くときに、やはり欠陥があると私は思うのです。欠陥があるということを数年来言っているのですが、まだここははっきりと反駁を受けていない。反駁を受けないと、私はたいてい私のほうが正しいのだと思い込んでいるのですよ。何年かたつというと、これはもう自分のほうが絶対に正しいと思うようになるのです。これは人間ですからしかたがないですね。がんとやられるというと考えなおすのですけれども。どうも蓄積の章でやっている窮乏化というのは、理論的に正しくないのです。ちょっと無理がある。そこではしかし組織化は言ってないのです。いま問題にしている二十四章「いわゆる原始的蓄積」の第七節では、資本家的生産方法に特有な社会的な生産力の増進、その利益の独占、それに対して労働者が窮乏化する、しかし窮乏化すると同時に、その生産方法の中で労働者自身も組織化されて、そして資本主義に反抗する力をも養ってくる、とこういっているのです。

そしてそれにつづいて、この独占はこの生産方法の足かせになるということをいっているのです。いいかえれば、社会的な生産方法が資本主義社会で発達してきたにもかかわらず、資本の独占によってその利益を資本が独占しているものだから、これ以上社会的な生産方法が発展しえなくなるのだ。そこで、その資本の独占の外被を爆破するのだ。そして資本主義の最後の鐘が鳴る、収奪者が収奪される、社会主義になる、ということをいっているのですね。〝社会主義になる〟とはそこではいっていないけれども、〝収奪者が収奪される〟とはいっている。

そして最後のところで、第一の否定は、自分の労働による私有を否定することだという。資本家的な私有、つまり他人の労働による私有を確立すること、これが第一の否定なのです。

ところがつづいて、資本主義社会の発展は、一種の自然的過程の必然性をもって、否定の否定をやるのだ、新しい社会主義的な所有関係ができるのだ――こういうことをいっているのです。しかもそのもうひとつ次にパラグラフがあって、前の否定は少数の人が多数の人の生産手段を収奪するのだから、相当期間が長くつづく。あとのは、非常に多数の労働者が少数の資本家を収奪するのだから、これは期間が短いだろうと、こういうふうにいって、社会主義への見通しを説いているのです。そこに「注」がありまして、資本主義社会が発展すればするほど中産階級がなくなる、労働者と資本家とに分かれてくる、両極に分解する、とある。この注は『共産党宣言』からとったものです。

生産力と生産関係の矛盾

以上が、だいたい二十四章の第七節についての私の紹介――ちょっとまずい紹介かもしれんけれども――です。しかしこの節が問題なのですね。確かに唯物史観によって発生、発展、消滅を説こうとした意図が出ているものだと思うのですけれども、ことばの問題が第一にある。というのは、小経営の場合の生産方法というのは、唯物史観の公式でいうと生産関係に当たるのです。その中に生産力が発展して、つまり生産方法の内部に物質的な生産力ができて、そして小経営を爆破する、否定する、というふうないい方をしているわけです。どうしてここで〝生産関係〟ということばを使わなかったか、というのはおもしろい点ですね。なぜ小生産者のときに〝生産関係〟というのを使わないで〝生産方法〟ということばを使ってしまったか。唯物史観の公式によると、生産力と生産関係の矛盾でそれが展開する。というのは、生産力が一定の段階まで発展すると生産関係がかせになってくる、じゃまになって、それを否定する。こういうのが唯物史観の説き方ですね。いま申します小経営の場合には、生産方法が生産力の足かせ、手かせになってそれをじゃまするから、それで新しい関係ができてくる——こういうことをいっているのです。これはつまらんことのようだけれども、ことばの使い方からいって、どうして生産関係ということばを使わなかったか。これは諸君が『資本論』をお持ちだったらお帰りになってから、ひとつ見てください。確かにそういっている。何べん読んでも、ちゃんと生産方法——生産様式と訳したものもありますが——Produktionsweise ですね。それは生産関係にはなっていない。

ところが二番目の、資本主義が発展して資本の集中が行なわれて、そして資本の独占による利益がある、といったときの生産方法というのは、唯物史観による生産力の意味に使われているのです。そしてそれが資本の独占という外被を破る。生産方法の発展に対して資本の独占が足かせ、手かせになるというわけです。前のときには、生産方法が生産力の足かせ、手かせになる。ところが、ここでは生産方法の方が唯物史観によるいわゆる生産力になっている。マルクスはこういういい方をしているわけです。これはことばですから、使い方によっていろいろ使ってもいいと思うのです。しかしせっかく唯物史観でそういうふうに明確にいっていることばを、ここでどうしてそういうふうないい方をしているのか、これがふしぎに思うのですね。

もっとも、エンゲルスも『アンチ・デューリング』の中で、生産方法を生産関係と同じように使っているのです。いまの資本が爆破されるという場合にも、爆破されるのは生産方法自身であるというようにいっている。それは、資本家的生産方法というふうに上にことばをつけるというと、生産関係のようにみえるわけですね。それで、恐慌論を説くときにもそれをやっているのです。それでつじつまは合うように思うのだけれども、説明にはならんのです。恐慌は説けないのです、それでは。あれは革命を説くことになるのですね。マルクスはそこで革命を説くことになるわけですけれども、エンゲルスの場合は、資本家的生産方法を生産力がじゃまにするから、それで爆破される。またそういう悪循環を繰り返すのに、どうして爆破されたものがもういっぺん出てくるのか、よくわからんですね。何べん読んでもこの『アンチ・デューリング』の恐慌論はわからんですね。あれは社会的生産と資本家の私的領有との矛盾から説明しているというので、レニンもあれを引用したのですが、日本の恐慌論者もみんなそれをやっているのです。私がそんなことはないのだと何べんいってもきかない。あれは、どうしてもきかないのだろうと思うのです。あれでどうして恐慌論が説けるのかわからない。

もっとも私の恐慌論も完全とはいえないのです。いろいろむずかしい問題はもっているのですけれども、それでも非常に重要な点を突破しているように思うのですがね（笑）。

これは少し自慢かなあ。あれが完全にできたら、ノーベル賞がもらえるかもしれない。まだ完全にできんから、くれないのかもしれないのですけれども。もっとも経済学にはノーベル賞はないらしいですね。だから安心していい（笑）。

エンゲルスのように、生産方法と生産力の矛盾といったのでは、これはちょっとおかしい。生産方法というのは、生産関係よりもうちょっと不明瞭な概念ですから、資本家的生産方法といったときには工場のやり方ということで、それには生産関係も入ってくるのですね。ですから、生産方法は生産力と矛盾するというのは、そう簡単に言えないことばなのです。使うのには便利ですけれども、生産関係と生産力の矛盾というのを生産方法に変えるというのはよろしくないと思うのです。マルクスの場合には、使い方自身にも問題がある。ひとつの節の中で二通りに使っているというのもおかしい。こういうふうに思うのです。それはことばの問題ですが、これはたいした問題でないといえば、それでもいいのです。

資本の集中と資本による収奪

第二の問題は、資本家的生産方法の中での収奪の問題です。だんだんと資本は大資本に集中されてくる。この集中というのは、ほんとういうと、資本の集積がだんだん大きくなるというほど簡単に法則的にはいえないのです。マルクスも言っているし、われわれも使います。ことに不景気の場合には資本が集中される、大資本に集中されるということを言う。それは、おそらく〝法則的に〟といっても間違いではないのでしょうけれども、これを、たとえば価値論とか、蓄積論とかいうふうな、あるいは人口法則とかいうふうに、明確に〝集中の法則〟というものとして説くわけにはいかないのです。〝搾取〟というほうは経済学の原理的な説明ができるのですけれども、財産を取り上げる〝収奪〟のほうは原理的説明ができないのです。それだから、二十四章の「原始的蓄積」というのを『資本論』の第一巻の最後にもっていってあるのではないかと思うのです。簡単にいえば、はじめから理論的に説けるものだったら、前にもっていってるはずだと私は思うのです。

ところが、あとにもってきているというのは、収奪の関係というのが理論的にすぐ説けないからです。いまの集中の問題もすぐ説けない。レニンが『帝国主義論』を説くときに、資本の集積の増大を説いているところがあるのですが、レニンはなかなかおもしろいのですね、レニンの集積ということばは、集中と同じように使っている場合が多いのですよ。資本がだんだん大きくなってくるというと、大企業が産業を支配するようになってくる、少数の大企業が産業を支配するようになってくる、といっているのです。しかし、すぐそれにつづいて、誤解を避けるために言っておくけれども、あらゆる産業でそういうことが起きるのではない、ということを言っているのです。これは重要な点ですね。あらゆる産業で大企業による支配というのが起きるのではないということを、アメリカの統計をあげて言っている。そしてそれにつづいてコンビネーション――いわゆる原料品から加工品までの混合事業ですね――の例も挙げて、こういうものもあらゆる産業に起きるものではないと言っているのです。これはなかなかおもしろいですね。

では、どういう意味でおもしろいのか、これが問題なのです。どういう意味かというと、レニンは『資本論』からつづいて『帝国主義論』を説けるかのようにして説いているのですけれども、ほんとうはそこでひとつ、切れ目を入れているわけなのです。原理的にいえば、集積の増大というのは、あらゆる産業に起きるものとしなければならない。ところが、それが特定の、たとえば重工業を中心とする固定資本の巨大化ということになると、資本の構成に違いがあるというような問題とは違うのです。資本の構成に違いがあるというのは、これは原理論の問題なのです。しかし重工業の固定資本が巨大化するというのは、これは私のことばでいえば、原理ではなくて段階論の問題になってくる。レニンは頭がいいから、実際上は『資本論』から通じているような顔をしながら〝誤解を避けるために一言するが〟といって、そこでちょっと体をかわしているわけですね、〝あらゆる産業に一様に起きるのではない〟と。

そこで、一様に起きないということになるというと、これはマルクスが言う場合の独占とは違ってくる。マルクスのいう場合は一般的にいって、資本家的生産方法が発展して社会的な生産力をどんどん上げることになれば、その利益は資本が独占する。特別な資本が独占するといっているのではないのですね。ところが、金融資本時代の独占というのはそうじゃないのです。だからレニンは、あらゆる産業に起きるのではなくて、特定の産業――重工業とか化学工業のような特定の産業にそういう関係が起きるのだということをいって、帝国主義論の中に入っていっているのですね。

したがって原理論でいう集中論というのは、ほかの法則性とは違った次元のものと考えていいのではないかと思うのです。マルクスはそれを〝資本主義に内在的な法則性によって〟というふうに言っているのですけれども、これはちょっと、そうは簡単にいえないのではないでしょうか。

私有の商品経済的性格

それから最後の、否定の問題ですが、これがまた問題点なのです。最初の私有というのは、自分で生産したものを自分の所有にする。これが私有の原則である。われわれが考えると、そういってちっともさしつかえないように思いますね。自分が働いて作ったものだから、これは自分の所有物である。所有物というのは、だいたい自分の労働の生産物を所有するというのが当然で、資本家のように人の労働の生産物を取り上げて自分の私有にするのはけしからん、こういうふうに考えられると思うのです。

これは、マルクスがあの節の最初のほうでも途中でも言っているのですけれども、しかしこの私有というのはもう少し考える必要がある。マルクスはここで資本家的な私有と小生産者のそういう自分の労働による私有とをならべて、なにか自分の労働によって得たものを私有するというのが本源的な私有であって、資本家的な私有のほうはなんだかインチキな私有のようにみえるような、そういういい方をしている。これはもういっぺん考える必要があるのですね。

というのは、土地の問題があるからです。農業の場合だと一定の土地を耕して、そしてそこから得た作物を自分のものにする。しかし、その土地にほかの人が入ってきたらどうするか。こういう問題があるわけです。土地自身は自分の労働の生産物ではないですね。だから自分の労働の生産物の所有は私有の原理だというのは、ちょっと考えると正しいようで、そうは簡単にいえない。そこに商品経済的な私有制度の、われわれが考えるべき重要な問題点があると思うのです。自分で働いて生産したものを自分で持つというのはあたりまえだ、他人が働いて生産したものを資本家が取り上げるというのはけしからん、こういうふうによくいわれる。それは社会主義の初期の、入門時代の思想としてはそれでいいかもしれないけれども、科学的批評にはたえられない。その人は土地を忘れているのです。

私が東京大学の社会科学研究所にいたときに、明治維新の地租改正の研究を大内力君やその他たくさんの人に援助してもらってやったのですが、たいへんおもしろかった。それは、明治維新のとき日本では土地をだれかの私有物として登記してしまったのです。そしてだれの私有物でもないもの、所有者の証明できないものは国有にする。道路や河川のようなもの、あるいは森林・原野などは国有にする。なぜそういうことをやったかというと、その当時いろいろ議論があってやったのですけれども、ちゃんと経済学がわかってやったのではない。しかし、なかなかおもしろいことをやっている。これは私が『地租改正の研究』(東京大学出版会、一九五七年)にのせた論文(「地租改正の土地制度」)の中でも引用したのですけれども、大蔵大臣の松方正義が後にフランスへ行ったときに、フランスの蔵相レオン・セイから〝お前の国はなかなかえらい、地租改正をやった。自分の国はまだいいぐあいにできていないので、ひとつやり方を教えてくれないか〟といわれて、松方が向こうの大蔵大臣にレポート(『地租沿革史』)を出しているのですね。

これは先進国フランスの蔵相が参考のために日本の改正事情をきくという逆転した関係としてもおもしろいが、それ以上に、ブルジョア的変革の遂行としてみると、その特性がいちだんと興味深いものになるのです。たとえば、イギリスのように原始的蓄積をもっと古い時代にやるという場合は、だれかの私有にしただけではちょっと間に合わない。だから農民を追い出して私有するという方法をとるのですね。例のエンクロージャだとか、あるいはクリアリングとかいうことで追い出して私有する、あるいは共同地を私有化する、というふうなことをやる。ところが、日本ではそういうことをやる必要がなかったのです。日本の明治維新というのは、その点では非常に資本主義の発達した段階でおこなわれたものですから、そんなことをやらんでも、土地をだれかの私有にしてしまうだけで、年々農村から過剰人口が出てくる。それで資本主義の発展が可能になるわけです。つまり土地が戸主とか長男の私有になっているというと、次三男は田や畑を持つわけにいかないわけですから、過剰人口になって都会へ出てくる、その過剰人口で工業が発展する、こういう関係になるわけです。資本主義の初期のイギリスの状態だと人口自身を非常に必要としたので、農村から追っ払われた人口が過剰人口として工業の人口に入ってくるということが重要だったのでしょうけれども、日本ではそういう必要がなかった。年々二十万人とか三十万人、あるいはそれ以上の人口が都会へ出てくるということで、ことが足りた。これは土地がみんな私有になっていることによっている。これが前提になっているのです。

立教大学の山本二三丸君は、ぼくの経済学に非常に悪口雑言を浴びせることで批評したと思っている人なのですけれども、価値論についての批評の中で商品経済の出発点を山本君は問題としている。私が出発点はよくはわからないと書いたのを批評しているのです。商品経済というのはどこから出てくるかよくわからん。共同体と共同体のあいだに出てくる。マルクスもそう言っているのです。共同体と共同体のあいだに出てくるということになると、どこから出てくるかということはよくわからないですね。しかし、これがなかなかおもしろいことばなのです。それを山本君が批評して、〝商品経済というのは私有財産と分業とから出てくる、これがわからないようなやつはだめだ〟といって私を非常にやっつけているのです。いい気なものだと思うのですね。

私有財産制度と分業というのは、じつは商品経済自身が確立するのです。ここに経済学のおもしろい問題があるわけです。常識的にいえば私有財産制と分業があると、そこから商品の交換が起きてくるのはわかったような気がするわけですけれど、分業のある前は何をしていたのですかね。どうやって共同体と共同体が生きていたのかわからんようになる。私有財産制度というのは封建社会からずっとあるのでしょうけれども、資本家的商品経済で土地私有が資本家的に確立されるというと、そこではじめて私有制度が確立されるのです。ですから、自分の労働の生産物を自分で所有するというのが私有の原理だというのは、これはそのまま受けとらないほうがいいですね。そしてそれの逆に、資本家的生産というのは他人の労働を自分のものにするのだからけしからんというふうにいうのは、もっと悪いことになるわけです。資本主義を擁護しているのではないのですよ。資本主義というものは、そういうシステムをもっているということを話しているわけです。

労働力を商品として買入れるということは、労働を買入れるのではなく、労働力を買入れるのですから、そこに剰余労働、剰余価値の形成が必然的にできるようになっているのです。つまり売買関係で私有制度というのが確立するのですね。たとえば自然に働きかけて自然から物を持ってきたといっても、自然は受けとりをくれないだろう。そうすると、裁判所に行って訴訟を起こしても、はたして私が自然からそれを獲得してきたかどうかわからんですね。獲得してきたのだということを自分が言うだけですね。売買関係だと、これは必ず買ったという人と売ったという人とがあるわけです。労働者から労働力を買って、それを自分の生産手段と結びつける。それは確かに労働者の労働には違いないのですけれども、労働力の代価を払っているのですから、そういう意味では資本家に不正はないのです。だから、こういう意味でなにか不正があるように経済学的に言ったりしたのでは、これは非常に幼稚な社会主義になりはしないか。こういうふうに思うのです。

そういう意味でマルクスのようなえらい人でも、経済学の原理の中で発生、発展、消滅を証明しようとするのは無理なのです。

資本主義の変革と経済学

それでは、そういう経済学の原理は社会主義にとってどういう意味をもっているのかというと、簡単にいえばこうなのです。

社会主義がどういうものを対象として変革しようとしているか。その、どういうものであるかを明らかにするのが、経済学の原理になるのです。つまり資本主義を変革しようとする場合、資本主義とはどういうものであるかを明らかにする。この資本主義はどういうものであるかを明らかにしようとする場合には、これは発生、発展、消滅の過程を全部明らかにするような、そういう方法ではできないのです。クラシックの経済学からずっとマルクスまで続いてきている経済学は何をやっているかというと、経済学の原理をひとつの資本主義社会の中で動いている法則性として明らかにしようとしている。

だから、マルクスもそういうことをときどき言っていますけれども、あたかも永久に動くかのごとく——これを私がそう言うと、あいつは資本主義の永久性を説いてるなんて早合点をする人がよくいるのです。「あたかも」という字と「かのごとく」というのがあるのですが、そういうのを忘れてしまうのですよ、批評するときに。ほんとうに文字どおりそういうのをちょんぎって落として批評する人があるのです。あれは困るですねえ。そういう論文が送られてくると、ときどきしゃくにさわって、こんな論文に答えられるかなんかいって、ひとりで憤慨しているわけです。まあ、それはそれとして——、あたかも永久に運動するかのごとく、そういうものとして説かなくてはいけない。たとえば恐慌論を説く場合でも、エンゲルスのように、一方ではそれが繰り返す、一方ではそれが資本主義の変革であるというように、両方をいっしょに説こうとしても、それはできないのです。生産力と生産関係の矛盾から恐慌現象が起きるというのは、そうすると生産関係が変わってきて、また生産力の発展があるのだという意味で、恐慌が繰り返され、好景気が繰り返される、そういう運動として説くよりほかに手がないのです。

社会主義を科学的にするという意味は、変革の対象を科学的に明らかにする。これが経済学の原理の任務なのです。このときには、どこの国の資本主義というのではないのです。資本主義一般です。だから、これにもとづいて社会主義を主張するというときには、社会主義一般を主張するわけです。ソヴェトの社会主義とか、中国の社会主義とかいうのではないのです。ちょうど『共産党宣言』に近いようなものを主張するときには、資本主義一般を対象にして論議し、そして社会主義を主張する、ということになってくると思うのです。

しかし、対象が明らかになっただけでは変革することはできない。もっとも、エンゲルスが言っていることばで〝対象を完全に認識すると、その対象を変革することができる〟というのがある。これは自然現象について言っているのですが、なかなかおもしろいことばだと思うのです。経済学は、一般的にではあるけれども、資本主義の全体を完全に認識しうる。そこに変革の可能性を求めることができる。いいかえれば、社会主義の科学的な根拠があるということがいえるのです。

しかしそういったからといって、イギリスの資本主義、日本の資本主義、あるいは旧ロシヤの資本主義とかドイツの資本主義とか、そういう特殊な資本主義がすぐそれで変革しうるとはいえない。経済学で資本主義一般が認識され、どういうものを変革すればいいかが示されるといっても、それは資本主義一般についていっているのです。発生、発展、消滅の過程をそれですぐ証明できるとすれば、これは便利かもしれないけれども、かえって経済学は一般的に資本主義を規定することができなくなる。この点を考えていただきたいのです。発生、発展、消滅ということになると、どこかの国で発生、発展、消滅をしなければならない。資本主義一般の発生、発展、消滅というふうには考えられない。一般的に規定できないのです。具体的にならないといけない。もちろん具体的に資本主義を変革しようとする場合、これは一般的にわれわれは資本主義を完全に認識したのだから、変革が可能なのだということはできる。けれども、こう言ったからといって、資本主義のほうで、ハイ、それではひきさがりましょう、ということはありえないですね。むしろ逆に、一生懸命それに抵抗してくるわけです。

そのときには、これは必ず特殊な国——ロシヤとかアメリカとか日本とかの特殊な国の資本主義に違いないですね。ある国の社会主義政党が社会主義の実現を目指して運動するとすれば、どうしても向こうに具体的な敵対物をおかなければならないわけで、何をどういうふうに変革するかというのは、経済学で明らかにする資本主義一般ではないですね。特定のたとえば日本における資本主義、あるいはアメリカの資本主義がかならず問題になる。これを世界資本主義というと、どこにあるのですかね。大学院でぼくの学生だった岩田弘君は、世界資本主義ということをよく言うので、ぼくはよく大西洋のまん中にでもあるのかとひやかしていたのですが、ひやかしたらおこったとみえて、一生懸命にぼくを批評しているけれども、あれでどうなるのですか。どこの資本主義をやるのか、世界資本主義をやるのだ、と。国際連合でもやるつもりかもしれないが、ちょっとよくわからんですね。どうしても具体的に特定の国を問題にしなければならない。それはもちろん世界資本主義的な関係の世界市場の中にあるには違いないけれども、具体的に変革するといったときには、敵はどういうものであるかというようなことを、その国の社会党や共産党は考えるわけです。

経済学の原理と段階論

これを考える場合、どうしても原理だけでは考えられないのです。この点がいわゆる宇野理論のミソになるわけです（笑）。宇野理論というのは、私がつけたわけではないのですよ。人がつけたのです。つけられても、あまり悪い気はしないけれど、あれを目のかたきにしてやっつけられることになると、あんな名前はつけられないほうがよかったなあ、とよく思うのですけれどもね。

これはしかし、私が発明したわけではないのですよ。前に申し上げましたように、すでにヒルファディングやレニンが帝国主義論をやっているのです。ただヒルファディングやレニンは、『金融資本論』なり『帝国主義論』をやる場合に『資本論』の続きだと思ってやっている。それでもレニンのほうは、うまくそこでかわしているわけです。かわしているけれども、そういう方法論的な考察が足らないのではないか、どうもなにか不充分なところがあるのではないか、と私は思っているのです。ヒルファディングのほうは、明らかに『資本論』のいろいろな理論を抜きとってきて『金融資本論』を説いているのです。あのなかに書いてある事実には非常におもしろいものが沢山あり、学ぶべき点が多い。読むとちょっとわかりやすくて、非常にやさしい本のようですけれども、それはドイツ語が非常にわかりいいからで、〝わかった〟と思ったのは、ドイツ語がわかったので、内容がわかったのではなかったのですね。考えて読むと非常にむずかしいのですよ。たとえば利子率を論じているのでも非常にむずかしい。私がはじめて論文を書いたのが、ヒルファディングの『金融資本論』の冒頭の「貨幣の必然性」というところです。日本では、ぼくは直接は習わなかったのですけれども、河上肇というじつにえらい、献身的な『資本論』の研究家がいましたが、ちょうど私の学生のころから『資本論』の研究を非常にやられて、そして『社会問題研究』という個人雑誌を出して、資本論研究をわれわれに教えてくれたわけです。その終わりに近いころ――福本和夫君が日本に帰ってきてから後ですけれども――、価値形態論を一生懸命でやった。価値形態論はほかの国ではあまり問題にしていないのではないですか。私はそれで、非常に価値形態論に興味をもった。そして価値形態論からみるというと、ヒルファディングの価値形態論というのはなっていない。〝二十ヤールのリンネルは上衣一着に値する〟というのが、〝上衣一着は二十ヤールのリンネルに値する〟というふうにひっくり返っていても、同じように思っているのです。そういう価値形態論をやっているのですね。これはちょっと困るのです。もっとも私がヒルファディングの批評をしたときには、ほんとうはまだ価値形態論がわかっていなかったのです。いまみると、ちょっとお恥ずかしいような論文ですけれども、しかしとにかくヒルファディングが、貨幣論というもののどういうところで間違いを犯しているかということを、自分ではそれで発見したつもりでいるのです。

ヒルファディングという人はもとはお医者さんで、医科大学の学生から社会主義者になったのですね。そしてあの本を書いたときには、ヒルファディングは三十そこそこだったのではないですか。いまの私の半分以下ですよ。それで書いたのだから。われわれが三十のときに、あれだけのものを書けといってもとても書けない。それはえらい。その後、このヒルファディングを私ドイツで見たのですけれども、そのころは大蔵大臣をしていたが、もう社会主義者としては尊敬に値しなかった。

それはともかく、私は『資本論』と『帝国主義論』をまず最初に読んだのです。『資本論』を読む途中で『帝国主義論』を読んだ。『帝国主義論』を読んで非常に感激して、これはどうしてもヒルファディングを読まなくてはならないと思った。ですからレニンの後にヒルファディングを読んだのですけれども、これはやはり帝国主義段階というものを明らかにしているという点では、マルクス経済学におけるエポック・メーキングなことだったのではないかと思うのです。これを私がちょっと取り入れたわけです。『資本論』と『帝国主義論』とをレニンのようにうまく身をかわしてつながないで、その性質の違いを明らかにした。理論の違いを明らかにした。たとえば集中とか独占とか、そういうものが原理的に説けるかどうか、こういう問題を明らかにしたわけです。あるいは株式会社制度、あるいは特定の産業における固定資本の巨大化、こういうことが原理的に説けるかどうか、こういう問題を明らかにするのは原理ではないのだ、原理的には説けないのだ、こういうのが私の主張なのです。

現状分析の必然性

原理論は、社会主義が変革の対象である資本主義を一般的に明らかにする、この点において重要なのです。だから、どんな社会主義の主張をする人でも、一応はこれをやっているわけです。資本主義は倒さなくてはいかんという主張を科学的に根拠づけるのが、この原理なのです。しかし、特定の資本主義国で政党が社会主義運動をするにあたってその対象を分析する――いわゆる現状分析になるわけですが――、その場合に、原理だけですぐできるかというと、そうではない。

マルクスの場合には、その点がはっきりしていないのです。マルクスの場合には、資本主義が発展すればするほどだんだんと原理の世界に近づいてくる、おおよそそういう意味で言っているわけです。みんなひとつになる。原理の世界へひとつになってくる。ところが、おくれて資本主義化した国々、ドイツでも日本でもそうですけれども、ここではブルジョア革命自身の性格も違ってきているのですね。さきに申し上げた地租改正でもわかるように、イギリスの場合の土地問題と、日本の場合の土地問題とは違うのです。それはどうしてかというと、輸入する資本主義自身がイギリスの場合における資本主義の初期のものとはまるで違ったものになっているわけです。そうすると、イギリスと同じような過程で資本主義化することにはならない。ですからそこで、特殊な国々の現状分析をするといった場合には、原理だけでなくて、どういう段階で資本主義化しているかという、つまり現状分析の前提になる段階論的な規定というのが必ずなくてはいけない。

私自身はその論争に入っていないのですが、私の友人たちがやった日本資本主義論争というのが昭和初年代にあった。

講座派の諸君のほうは、日本では原理のような資本主義が出ていない、だからこれは半封建的なもので、ブルジョア革命が充分に行なわれなかったからこういうことになったのだ、というふうに考えたわけですね。したがって封建的な制度をまずぶちこわす、それを一掃するということが焦点になるのだ、こういうふうな考え方ですね。これは日本資本主義の現状分析としては、やはりどうもいかんですね。もっとも講座派の諸君がこれを考えたのではないのです。その前に日本共産党が考えて、講座派の諸君がそれを解説した。だから非常に理論の無理があるわけです。

労農派の諸君のほうは、要は日本の資本主義もいまに『資本論』で説かれたような資本主義になるのだ、だんだんとそうなっていくのだ。そう言うと、労農派の諸君はおこるかもしれないけれども、だいたいがそうなのです。段階論がいいぐあいに適用されていない。私はそのころ仙台にいて遠くからこの論争を眺めていたわけですから、わりあい冷静にそれをみることができたわけです。友人はどっちにもいるのですけれども、だいたい労農派のほうに多かったから、後に私も労農派の一員にされてしまっているようですけれども、私は労農派の主張を主張したことはないのです。だけど労農派だというのです。まあ労農派でも何派でもかまわないのですが、ただ、ぼくの言いたいのは、原理だけでは日本資本主義の分析はできないのだということです。講座派のいうように、なぜブルジョア革命が徹底しなかったか。その〝なぜ〟をやらなければいけない。徹底しないでも資本主義は発展する、これはなぜか——これをやらなくてはいけないのですね。これはやはり段階論的な規定がそこに入らなければいけないのではないか。こういうふうに思うのです。

社会主義と経済学のお話をするのに、少ししりきれとんぼになったですけれども、おおよそこういうふうに私は考えています。

（一九六四年十一月、東京大学経済学部土曜講座）

マルクス経済学の課題

（聞きて）萩原　進

宇野理論の意義――理論と政策――

――一橋新聞では昨一九六七年、『資本論』百年の記念として、宇野経済学をとりあげ、その問題点を一貫して追究してきました。掲載できた論文は「宇野理論の意義」（柴垣和夫氏）、「世界資本主義論の方法」（岩田弘氏）、「経済学と唯物史観」（佐藤金三郎氏、同氏著『「資本論」と宇野経済学』に「唯物史観と宇野経済学」と改題して収録）、「経済学と弁証法」（清水正徳氏）の四論文ですが、いずれも、宇野理論を踏まえたうえでの問題提起、ないしそれに即した批判といえると思います。今日は、これら四氏の疑問なり批判なりについて、先生のご意見を伺いたいというわけです。

まず、柴垣和夫氏の「宇野理論の意義」という論文から入っていきたいと思います。簡単に内容を要約しますと、宇野経済学がマルクス経済学に与えたメリットとして二点を挙げていると思われます。第一点は、従来しばしば理論と実践の弁証法的統一という命題が盛んにいわれていたが、その意味は不明瞭だった。これに対してその関連をはじめて明確に打ち出したという点、第二点はドイツの社会民主党の内部で行なわれた修正主義論争や、日本資本主義論争等々の現状分析をめぐる論争の中から現状分析はいかに行なわれるべきかという現状分析の方法論を確立したという二点にしぼって、それによって日本資本主義論争そのものを止揚してしまったということを挙げているのですが、まず、ざっと読まれたご感想から伺いたいのですが。

宇野　その点では何も言うことはないです。ただ、いま挙げられた二点を明確にしようとすると、ある程度『資本論』の所説を修正するということが必要になってくる。この点が非常に大問題になるわけです。しかし、この『資本論』を修正するということは、例のベルンシュタインのような修正を意味するわけではない。その点はすでに幾度も言ってきたことだが、なかなか理解しえない人が多い。それは修正の内容を知らないからだ。ベルンシュタインは『資本論』自身の理論をほとんど理解していない。エンゲルスのもとに永いて親しく教えられてきた人としては、全く驚くほどに『資本論』を曲解している。その修正では理論的にマルクス経済学を放棄するとともに、マルクス主義を修正しようというのが目標になっている。その点は、ぼくのようにマルクス経済学の理論的整合を求めての修正と全く異なっている。理論と実践、あるいは現状分析の方法ということになれば、今もいうように『資本論』の所説自身が問題になるが、柴垣君はそこまでいっているかどうか。

――この論文では言っていませんが、最近出た『唯物史観』の第五号で、横山正彦氏の『経済学の根本理念』という書物に収録された論文を批判したものでは、『資本論』のような理論の修正と政党の綱領などの修正との違いを明確に指摘しています。

宇野　政党の綱領の場合には多数決で修正されることになるだろうが、『資本論』の場合にはそうはいかない。簡単なことだが、これが明確でない。スターリン論文がいい例だ。スターリン論文が出た当時、非常に多くのマルクス主義経済学者がこれを理論的にも全面的に正しいものとして支持していた。しかし、スターリンが政治的に批判されると、とたんに皆黙ってしまった。こういうのを理論と実践の統一というのなら、理論は政治の下婢ということになる。これでは科学的社会主義とはいえない。社会主義の現実の問題もそういう点に根本原因があるといっても良いのではないか。迂遠のようだが、もっと『資本論』自身を勉強して科学的な理論を確立しておかなければ、社会主義の現実の問題もかたづかないのではないか。最近出た『資本論』のドイツ語原本の全集版が前のディーツ版のものとページ数が違っている一事は、『資本論』が本当に勉強されていない証拠ではないかと思う。『資本論』はただ読めばよいというものではない。皆で研究し、論議しなければならない科学の書物ではないか。版ごとにページ数の違うものを平気で出しているというのは、小さなことだが、その点の認識の足りないことを示しているといってよい。

――スターリンは政治的には一応否定されてしまったけれども、たとえばスターリンの経済法則論などは本格的に議論されていないように思います。

宇野 その点、ぼくの主張を批評する諸君もふれないようだ。そのくせ、スターリンの法則論はマルクス主義者諸君はいまも一般的に認めているのではないか。柴垣君は、横山君に対してその点をついているのではないか。

――横山さんの本では、経済学の理論は今の保守政権の資本主義経済を維持するような政策には使えないが、社会党や共産党などの綱領にもる経済政策には利用できるといっているので、柴垣氏はそのようなことはできないといっているようです。

宇野 その問題は、ぼくも昔、「社会党の関税論」（『農業問題序論』、青木書店、一九六五年所収）で論じたことがある。一九世紀末のドイツ社会党の大会で行なわれた関税論争でも全く明確でなかった。やはり経済学の法則が実際の政策に使えるかのように漠然と考えられていた。

しかしその点は、たとえば『資本論』で明らかにされた価値法則がどういうように利用できるかを考えればすぐわかる。社会党や共産党にしてもこれを技術的に使うことはできない。価値法則にしたがって行動するということはできるものではないし、また社会主義の主張にもあわないのだが、その点、今もなお十分考えられていないのではないか。

これはしかし、マルクスの「自由貿易問題」で基本的には明確になっている。マルクスは自由貿易が階級闘争を激化させるから、それに賛成だといっている。これは社会主義者として当然だとぼくは思う。こういうマルクスの考えをよく研究したうえで、理論と実践の問題も論じなければならない。

スターリンのように、社会科学としての経済学で明らかにされる経済法則を簡単に自然科学で明らかにされる自然法則と同じように使えると思うのは、たいへんな間違いではないか。この点を明確にしないで、スターリン論文を忘れてしまうのはよくない。

利潤率均等化と原理論

――根本は、経済原則と経済法則との関連がつかまれていないということでしょうね。では、柴垣論文はこのくらいにして、岩田弘氏の論文（「世界資本主義論の方法」）に移りたいと思います。

先生の『経済原論』は、従来、マルクス経済学で論理的な展開は歴史的発展に照応するように構成せらるべきだという一般的な主張があるのに対し、むしろ純粋資本主義社会の経済体制の内的構造を論理的に解明するという方法を提唱されたので、論理＝歴史説の否定であるという批評が多かったのですが、大阪市大の見田石介氏などは逆に、先生の『経済原論』をソ連科学アカデミーの『経済学教科書』と同列において論理＝歴史説の典型としているのです。見田氏の『資本論の方法』という本はそういうことを説いているわけですが、そのうえで論理＝歴史説は経済学方法論としては間違いであるということを主張しているのです。岩田氏はこれに対して、先生の意図としては論理＝歴史説を排除しようとしていながら、主観に反して実際は論理と歴史の結合への道を開いたのだ――そこに宇野理論のメリットがあるとしている。

宇野　そういろいろの批評があるのは何ともいうわけにはいかないが、岩田君のぼくに対する批評は、むしろ原理論の価値論と利潤論との関係が明確でないことからきているのではないか。ぼくは筑摩書房で出した『資本論研究』の第四巻（一九六八年）の利潤論のゼミナールでもやや詳しく論じたのだが、岩田君たちは利潤率の均等化は固定資本のために成り立たないと思っているんで、それは結局、価値法則を否定することになる。もともと、この価値論から利潤論への論理的展開がなかなかむつかしいのでそういうことになるのだが、そのために平均利潤論を放棄するのでは話にならない。

価値論はたんに価格の基準を明らかにするというだけでなく、資本家と労働者との関係を明らかにするもので、いわばマルクス経済学の真髄をなすわけだ。そして利潤論は、その価値論で明らかにされた剰余価値を資本家の間で資本にしたがって分配する方式を示すとともに、資本はそれによって社会的に需要される生産物を供給し、資本主義を一社会たらしめることを明らかにするもので、これを否定したのでは、経済学の原理は成り立たないことになる。その不備を株式会社制度で補整するというのが岩田君たちの考えなのだが、こうなると株式会社制度の支配するいわゆる金融資本が本来の資本主義ということになり、原理はいわゆる独占利潤をもそのうちに容れる形式的なものになってしまう。そして、資本家と労働者との関係もその中に入ってしまう。労働者もサラリーマンも農民も中小工業者も、みな一様に独占資本に支配されるものとして原理を説くことになる。それと同時に、資本主義の根本の関係が不明瞭になる。独占資本の支配に反対するラジカルな主張になりながら、資本主義に対する批判を失ってくる。

まあ小生産者的急進主義ということになるわけだ。もちろん政治的には、情況によってしばしばそういう中間層の問題も非常に重要になるが、経済学としては、それは段階論や現状分析の問題で、原理で直ちに解明されるわけではない。ぼくのいわゆる原理と段階論と現状分析は、そういう具体的問題を科学的に解明する方法に他ならない。現状を一挙に解明するというのは科学的にはできないし、また、そういう科学的方法によらないと、資本主義の現状のために資本主義の基本が見失われる。これでは『資本論』が何のために、価値法則、人口法則、利潤率均等化の法則という、ぼくのいわゆる三大法則を明らかにしたかという意義も認められないことになる。株式相場のいわゆる利回りで平均利潤論の難点を回避するのは、価値論を価格論に解消するのと同じやり方だ。

それに利回りの基礎になる利子論も、平均利潤論を前提にしてこそ理論的に解明できるのだ。ぼくの原理論にいわゆるそれ自身に利子を生むものとしての資本という原理的規定がなければ、それは説けないのではないか。

——いまの、それ自身に利子を生むものとしての資本というのを、株式資本と言いかえてもいいのではないですか。

宇野 いや、それは本末転倒だ。それ自身に利子を生むものとしての資本が、具体的には資本の商品化としてあらわれ、株式相場や土地価格となる。いわゆる擬制資本だ。原理的には、それはただイデーとしてマルクスのいわゆる資本の物神性をなすわけだ。ただ、『資本論』はこの点をうまく説いていない。説こうとしながら十分説けなかった。その点は、貨幣市場で形成される利子率と資本市場で援用される利子率との関係をみればわかるのだが、マルクスでもその区別がついていない。

一般にその点は明確になっていないが、われわれは『資本論』の体系を原理論として確立することで、それを区別することができると考えている。

簡単にいえば、貨幣市場では資金の需要供給で利子率はつねに動きながら決定されるが、株式市場ではその利子率を反映したものを援用する。積極的に利子率を形成しない。そこにマルクスのいわゆる資本の物神性が完成される。ところが、この資本の商品化は、株式の売買としても、また土地の売買としても原理的には説けない。『資本論』の想定する純粋の資本主義社会では、利潤の得られる投資を利子で満足するという資本家はいない。逆にいえば、現実にはサラリーマンでも株を買って資本家になれる。しかし、そういう資本家は原理論で解明される資本家ではない。いいかえれば、資本家としての基本的規定は与えられない。実際にあるそういう資本家は、ぼくのいわゆる段階論や現状分析で解明されればよいということになる。一挙にあらゆるものを説明しようとすると、何ものをも説明しえないことになるわけだ。

論理と歴史の照応

――『経済学研究入門』（鈴木鴻一郎編、東京大学出版会、一九六七年）という書物で、伊藤誠さんですか、先生の経済学説の問題点というのを二つ挙げまして、一つは平均利潤論の問題、もう一点は前から問題になっていた貨幣の資本への転化の問題、この二点が十分解明されていないといっているようですが、その後者の方で、岩田さんは三つの資本形式について、あれは一六世紀から始まる世界商業をバックとしたイギリスにおける産業資本の成立過程をロジカルにとり出したもので、そういうインプリケイションが先生の産業資本の展開論にはあるんだといっておりますが、その点、どうなんですか。

宇野　それはそういってよい。しかし、あれは何も商人資本や金貸資本そのものを説いているわけではない。同じ資本として資本主義の基軸をなす産業資本にそういう面が共通にあるのは当然だし、それがまた資本主義の確立過程で歴史的にあらわれるのも当然だが、しかし理論的展開にその関連が反映されたからといって、それで直ちに歴史が理論につねに反映するということにはならない。資本の形式の展開として、商人資本的形式、金貸資本的形式、産業資本的形式といっているのもそのためだが、それだからといって、商品、貨幣、資本の展開も同様に歴史的発展をなすものとはいえないし、また商人資本とか金貸資本とかが、それだけで産業資本に歴史的に発展するといったら誤りになる。産業資本の確立が歴史的に資本主義となるので商人資本的形式や金貸資本的形式が歴史的にも対応した展開をなすものといえるのだが、商人資本や金貸資本そのものは、むしろ産業資本に対して消極的に資本主義に先立つ社会での資本となるというにすぎない。

岩田君は、ぼくが論理と歴史との分離を主張しようとしているように思いこんでいるといっているが、それはぼくを批評する諸君のいっていることだ。しかしまた、ぼくは理論の展開が歴史にそのまま対応するとも思ってはいない。現に産業資本の出現は歴史的過程によるしかないとしているが、貨幣の資本への転化そのものは歴史的過程に対応するものとしてではなく、理論的に展開されるものとしている。『資本論』はその点で資本の近代史の出発点を一六世紀においているが、それは貨幣からの資本の発生には関係のないことだ。資本はもっとずっと昔から出現している。一六世紀は資本が次第に生産過程へ入っていくきっかけをなしている点で、マルクスのいわゆる「資本の近代生活史」をなすわけだ。この点を明確にしないで、直ちに論理と歴史との対応を説くのは間違っている。

経済学が独立の学問となったのも、資本が生産過程をつかむようになってくることによるので、一六世紀の「世界商業と世界市場」もその点と関連して理解されなければ意味ない。商品経済はもともと共同体と共同体の間に、いわば「世界」的に発生し、発展している。資本主義の発生期としての歴史的発展が資本形態の理論的展開にも重要なのは、産業資本の出現によるもので、それは当然だが、そのことは貨幣から資本が発生するというのとは違う。そこには何世紀という歴史的規定はできない。ただ、貨幣を前提しないと資本は出てこないというだけだ。

アリストテレスが利子を論じているからといって、それだけでは経済学にはならない。こういう点をよく考えないと、歴史と理論との関連も論じられない。ぼくは一方では理論と歴史との分離を主張しながら、他方では歴史を密輸入しているようにいうのかもしれないが、それは対象が歴史的なるものを理論的に解明するということからきていることで、問題はその点を方法的に明確にするということにある。

——いえ、むしろ密輸入しているという言い方ではなくて、論理と歴史の対応づけといいますか、両者を関連させる方法を無意識的に確立してしまったということですね。

宇野　それだったら、論理と歴史との対応が貨幣から資本への転化でいかにあらわれているかを明らかにしなければならない。その点は今もいったように一概にはいえないのだ。

世界資本主義論の陥穽

——例の世界資本主義の模写論というのが先生の嫡子であるということをなんとかしていいたい、という配慮があるのではないですか。

宇野　あれはぼくの『経済政策論』から来ているんだと思うが、それがまたマルクスから来ているんです。つまり外国から輸入する穀物で、イギリスではある程度まかなっている。それは国内でつくった綿製品を輸出して、穀物や綿花を輸入している。製造品を輸出して原料品を輸入している関係を、原理論では同じ経済圏で原料も製品も共に生産するものとしてその関連を解明し、それによって分析するというわけだ。もちろん、実際上は具体的な関係が展開される。岩田君の場合はそれを逆に利用しているのだろう。

——それが集約されるといわれていることですね。イギリスの綿工業とロンドン金融市場とに世界商業と世界金融関係とが集約されて還元され、それがまた今度は景気波動として世界的に発散していくという、それを内的にコピーしているのが原理論であるといっているのだと思うのですが。

宇野　内的にコピーしたら世界資本主義でなくなるんじゃないか、一国の資本主義になっちゃうんじゃないか。それに非常に重要な点が落ちている。岩田君の世界資本主義は資本主義の基軸をなす労働力商品市場をどこにもっているというのだろう。集約還元したときに密輸入されて、それで世界市場恐慌を説こうというのかも知れないが、それは無理だろう。それでは商品と資金との恐慌論になってしまって、せっかくぼくの展開した恐慌論は無用になる。

——先生の恐慌論には外国貿易の捨象という問題がありますね。

宇野　その点はたしかに非常にむつかしい問題だ。実際には外国貿易なしには景気循環とか、恐慌現象とかはない。それは資本主義が世界市場なしにはないというのと同じことだ。

ぼくはその点をマルクスの例の資本主義の発展は純粋の資本主義に近づくという規定によって、恐慌論も外国貿易なしに純粋の資本主義社会で解明されなければ原理的に規定されないと考えたわけだ。ただ単に勝手に捨象しているわけではない。それは価値論から利子論にいたる全体系を純粋資本主義によってやるということになっている。それでまた、はじめて恐慌の根本原因を労働力商品化に求めることができたと思っている。むしろ世界恐慌はこの原理によって解明されなければならないというわけだ。原理論でこういう抽象をするということは本当に難しいことだが、これをやらないと問題は解けない。

——難しさというのは、恐慌の具体的な現象になると国際収支の問題、それから金の移動や為替レートの問題が必ず出て来て、それが恐慌の原因だなんて言うことになりかねないんですね。そこらあたりを……

宇野 そういう歴史的な過程をそのまま解明しようとしても、それはできない。価値論でも、利潤論でも同じだ。価値論は外国貿易なしでやっておいて、恐慌論は外国市場でやるというのでは、原理的規定ができないのが当然だろう。いまもいったように岩田君の世界資本主義はどういう労働者によって形成されているのか、単なる商品経済論になってしまうのではないか。世界資本主義などといわない方がよいのではないか。

——先生が価値実体論を生産論で論証されているのはマルクスの『経済学批判序説』の

「経済学の方法」で説かれている労働一般というカテゴリーによるのではないですか。

宇野　そうです。マルクスは富を生産する労働一般という簡単な規定も近代社会の産物であることを説いている。これは経済学の基本的概念の形成を明らかにする極めて重要な指摘だといってよい。ただマルクスは、こういう点を価値論の証明に十分生かさなかったのではないかと思う。

——世界資本主義という概念ですが、帝国主義段階になって世界経済がかなり現実的な意味を持ってくる。それを基礎にして考えているような気がして何か一六世紀ごろからそういう世界資本主義という相貌をもって資本主義が始まっているとは、とても言えないんじゃないかと考えるんですけど。

宇野　それはたしかにそうだ。世界経済という言葉自身も比較的に後になって使われるようになったのではないか。世界資本主義といったのでは労働者と資本家とはどういう関係にあるのかわからなくなる。帝国主義として資本の輸出がなされるとしても、これを直ちに世界資本主義とはいえない。まして、その原理的規定などできるわけがない。『資本論』による原理をもって分析すればよいことを、何か世界資本主義そのものが原理的に規定できるようにいうのは、本来の世界資本主義の問題をごまかしていることになるのではないか。それは現状分析として解明せらるべきもので、原理的に規定されるものではない。

『資本論』が原理的規定を段階論ないし現状分析によって、不明瞭にしたのを純化しようというぼくの提案をもう一度逆転するというのだが、その場合、『資本論』の原理的規定を価値論では採りながら利潤論では訂正しようというわけで、筋が通らない。前に言ったように、平均利潤論の困難を利子論で回避できると思ったことに間違いのもとがある。労働者と資本家の関係が直接には問題にならない世界市場で景気循環を説こうというのだから無理だ。どうやって説くのだろうか。具体的に説いてもらわなければ問題にするわけにもゆかない。『資本論』につづいて「帝国主義論」をやる通俗的マルクス経済学より、なお一歩後退したことになるのではないか。

唯物史観と経済学

——次に佐藤論文に移りたいと思います。三分の二くらいは佐藤さんが理解した宇野三段階論のシステムの紹介。その上で唯物史観と経済学についての疑問の提出、あるいは多少のクリティークがありますが、前半の紹介の部分で先生が特に訂正したい点、こういうふうにとられると困るという点がありましたら聞かせてください。

宇野　例えばイデオロギーというのは社会科学としての経済学の研究にどういう役割を果すのかという点ね、それはぼくがいうように正しく理解されていると思うんです。しかし、それでイデオロギー論自身をやっているようにとられては困る。イデオロギーというのは科学的な研究にとっての役割からいえば消極的だが、しかし、その消極性は非常に重要なんです。たとえばアダム・スミスでも重商主義に対して自由主義的なイデオロギーを持っていたことが、科学性の保障になっているのではないか。マルクスでも、ブルジョア的イデオロギーに対して社会主義イデオロギーを持ったということがやはり科学的客観性の保障になっていると、ぼくは思う。ただ、そのイデオロギーが行き過ぎると、これは科学以上になる。それが一般に問題になるのだが、自分にはイデオロギーはないと思っている経済学者はむしろブルジョア的あるいはプチ・ブルジョア的イデオロギーに支配されている。こういう意味で理論的研究にとって対立するイデオロギーは極めて重要な役割を演ずるが、それは消極的に役に立つので、積極的に理論の内容をなすものとして役に立つのではない、こういっているわけです。

そうすると、イデオロギーというのは積極的には何の役にも立たないものかというと、けっしてそうではない。実践活動はイデオロギーによらなければできない。実践運動で科学的な理論を利用するという場合にもイデオロギーによる誤りを少なくするというだけで、直接に科学で行動するわけにはゆかない。社会科学の理論は、前にもいったように技術的には使えない。技術的に使えると思えるものは科学的な理論ではないと言ってもよい。イデオロギーの消極的役割は、つまり科学的研究の上でのことで、実践活動では、むしろイデオロギーが主役で科学的理論はその補助をなすにすぎない。もっとも、この補助がまた重要なのでマルクス主義が科学的社会主義というのは、その実践に科学を補助的に利用するからだ。例えば、社会主義の主張を科学そのものが示してくれるわけではない。社会主義がその廃棄を主張する資本主義の科学的解明を通してその目標を明確にしてくれるわけだ。

なお、イデオロギーには多かれ少なかれ誤った想定が入っている。もちろん全部が全部間違っているというのではない。その観念的な行動基準が実践運動には重要なのであり、これに直ちに科学的な正しさを求めるのは実践をやらないということと同じになる。科学的研究にイデオロギーの消極的役割を認めるからといって実践活動にまでそうだというのではない。佐藤君の言葉にはその点が明確にされていなかったように思う。

第二点では、唯物史観と経済学との関係を何か前者から後者へ移行するものとしてぼくが説いているようにとっているが、ぼくはそんなことをいっているだろうか。

——先生は「経済学における論証と実証」という論文で、voraussetzen（前提する）という言葉を『経済学批判要綱』からとって使用しているわけですが、その場合、純粋資本主義を voraussetzen しているというふうに説いているのを、佐藤さんは唯物史観を

vorausseztenしているみたいにとっているようです。

宇野　それはちょっと困る。ぼくの言葉にもしそういうふうにとれるところがあれば、それは間違っている。あれはいわゆる下向、上向の関係で、現状の分析からはじまって抽象的な基本的規定、例えば商品に達するとそこからまた上向の理論的展開をなすわけだが、その場合、その展開は出発点の現状にそのまま帰るのでなく、理論的にvoraussetzenされる純粋資本主義へ達する。その関係を簡単な規定が複雑な規定を次々にsetzen（措定）するというふうにいったのだ。商品から貨幣というように。しかしこれも資本の産業資本的形式を展開するには出発点の商品自身がいわゆる単純商品であってはならないということをいったわけだ。その点はまだ明確ではないが、それにしても唯物史観から経済学が出てくるといったわけではない。移行するともいってないと思う。佐藤君自身の考えではないか。

——清水正徳氏もそうとってますね。

宇野　それは佐藤君からの引用によるのだ。それはともかく唯物史観をもつようになったのは資本主義の発展と関連することで、こういう考えはマルクスに限らないのではないか。もっとも、これから経済学の批判的研究をしたということがマルクスの偉大さを示すのだと思うが、そのために唯物史観を商品経済史観におとしてはならない。佐藤君は、この経済学と唯物史観との間に相互関係でもあるようにいっているが、ぼくは平等の相互関係には反対だ。やはり経済学は唯物史観を基礎にしながら、内容的には唯物史観をそのまま説くのではない。そういうことをすると、唯物史観の方が商品経済史観に堕落する。経済学は、唯物史観の対象となる社会の中から一つの資本主義社会をとっているだけで、この関係は平面的に相互規定などといってはいられない。もっとも一方交通というのもあたらない。

——佐藤さんは、先生が『経済学批判』の序文の読み方で経済的土台の自立的運動を明らかにしたのはメリットであると認めているようですが……

宇野　だけど、その点でも何か佐藤君にとっては物足らんところがあるのではないか。

——唯物史観の諸命題というのを佐藤さんはだいたい二つに分けていると思います。下部構造による上部構造の規定という命題と、社会構成体の生産力と生産関係の矛盾を契機とする推移という命題です。そこでこの双方に共通する問題として、経済学の原理論で唯物史観が論証されるのか、それとも三段階論全体で論証しようというのか、どちらなのかということを問題としているようなのですが、この点はどうなのですか。

宇野　いずれにしても唯物史観そのものを経済学が直接に論証すると言ったら、これは間違いです。唯物史観は人類の全歴史過程にわたっているのに対して、経済学は商品経済、とくに資本主義に限られている。もっとも、同じ人間の経済生活として封建社会や古代社会に通ずるものを持っている。そして、この通ずるものという点に、やはり唯物史観と経済学との関連がある。経済学が資本主義で論証すれば、資本主義にも他の社会にも通ずる唯物史観を論証することになるという関係にある。といっても、古代社会や中世社会で生産力と生産関係の矛盾を直接理論的に証明することはできない。それだからこそ、マルクスは経済学の研究をやったのではないか。

またその点が先の第一の命題にも関連している。例えば中世封建社会で生産力と生産関係の矛盾といっても、それは純経済的な関係ではあらわれない。直接的な支配服従関係にあるのだから生産力と生産関係の矛盾をそのまま問題にするわけにはゆかない。その点は、しかしまた、資本主義社会の発展の過程でも同様だ。

初期の重商主義の時代から自由主義、帝国主義の発展を生産力と生産関係の矛盾の展開として説くことはできない。その三段階を代表する資本、商人資本と産業資本と金融資本にしても、その発展推移を生産力と生産関係の矛盾によって説くということはできない。多くのマルクス主義者諸君は、それを説きたいのだが、それはできない。できれば、ぼくも直ちにそれに従ってよい。

つまり、経済学と唯物史観の関連は、原理的に明らかにされる経済的土台の自立的運動として、したがってまた、それが上部構造を規制するという点にあらわれ、生産力と生産関係の矛盾の展開も原理的に明らかにされる恐慌論で論証されるほかはないという点にあらわれる。それは唯物史観の命題をそのまま論証するものではない。

その点をぼくが、例えば恐慌論は変革過程の「縮図」をなすといったので佐藤君から抗議されているのだが、「縮図」とか「ミニチュア」とかいう言葉はどうでもよい。生産力と生産関係の矛盾を恐慌論で理論的に解明するということが大切なことで、それが間違っているかどうか、それとも直ちに変革の過程が説けるかどうかということをいっている。エンゲルスだって恐慌を理論的に説いてはいない。恐慌論と崩壊論が一緒になっているような、そうでないような曖昧なことになっている。

マルクスもいわゆる「否定の否定」で論証できていない。マルクスは、恐慌論の重要な規定をいろいろ説いているんだが、筋の通った恐慌論になっていない。

ぼくの恐慌論は間違いがあるかも知れないし、また細かい点ではまだ解けていない点もあるが、とにかく一応筋の通った証明はしているつもりだ。経済学的に証明もしないで、ただ唯物史観と経済学は交互に影響し合う、などといっても何にもならないのではないか。

——佐藤さんと個人的に話したとき、『資本論』第一巻の蓄積論はどう考えているのか、たずねたら、そこは弱くてねと言ってましたけど……

宇野　それでは話にならないが、問題は第一巻の第二十四章第七節の「資本主義的蓄積の歴史的傾向」で説かれているところにある。ぼくは、あれは非常に問題とすべき節だと思う。この点が解決されれば、いわゆる循環の論理と移行の論理との関係も解決される。『資本論』のような説き方では、商品経済史観にはなっても唯物史観にはならない。

それは、経済学の原理の範囲が商品経済ということからもすぐわかることだ。商品経済を対象とする経済学で移行といえば、商品から貨幣、貨幣から資本ということにはなるが、封建社会から資本主義社会へ、資本主義社会から社会主義社会へということにはならない。それだからマルクスは、資本主義の発生をいわゆる「原始的蓄積」として『資本論』でも、第一巻の最後に、資本蓄積論のあとに説いている。この点こそマルクスの偉大さを示していると、ぼくは思う。その点は今までもしばしばいっている。マルクス主義経済学者諸君はそれを知らん顔をして、相変わらず社会主義の必然性が経済学で説けるようにいっている。その点を明確にしないと、マルクス主義は科学的社会主義でなくなるのではないか。非常に重大な問題だとぼくは思う。それで先年、その問題の一節の全文をあげてぼくの考えを述べておいた。

――先生がお書きになったその論文「社会主義と経済学」（『社会科学の根本問題』、青木書店、一九六六年所収）では、単純商品経済から資本主義経済への、資本主義経済から社会主義への移行というのを、マルクスは収奪論でやっていることが指摘されているのですが、収奪論は蓄積論では集中の一面として問題になるだけですから、収奪論を軸に資本主義の発展とか没落なんかを説くのはやはり問題があるように思いますが。

宇野　現実の資本主義の発展に収奪過程が問題にならないというのではない。集中も同様だ。ただ原理的には説けないことをいっているだけだ。マルクスの搾取論は原理として説かれている。いわゆる重商主義、自由主義、帝国主義という段階論の展開では当然に収奪過程が問題になる。だから、その移行は原理的に説けない。説ければ便利だが、理論はそれほど便利じゃない。もちろんぼくの思想が浅薄なために説けないというんだったら、その点を明らかにしたらよい。佐藤君にしても、他のマルクス主義者諸君にしても、せっかくぼくがそういっているんだから、ぼくのいうのが間違いで、やっぱりマルクスの方が正しいというのなら、それを証明してくれれば、ぼくはそれに従う。

窮乏化法則について

宇野　これは窮乏化法則も同じです。窮乏化法則といっただけでは、何にもならない。その前提にされている不断に生産方法が改善されるという点を、ぼくが問題にしているのだから、そんなことはない、やはりマルクスのいう通りだという証明がされれば、ぼくはそれに従う。何もむつかしいことをいう必要はないのだ。しかし、そういう証明をしないでは何といっても無駄だね。

――窮乏化法則に理論的な懐疑を持ちはじめたのはいつごろですか。

宇野 いつごろかわからないけど、『資本論』をはじめて読んだ時には疑問を持たなかった。やっぱりずっと後ですね。

――ドイツ社会民主党の修正主義論争史を整理したことがあるのですが、先生は二十四章の歴史的傾向と、二十三章の蓄積の一般法則論が、あの論争の中でも区別されないで論じられ、それが実に不幸な結果を生み出しているんじゃないかと指摘されていますが、その指摘はたいへん参考になりました。

宇野 あれはおかしいんでね。『資本論』を擁護するカウツキーもわかっていないんだ。反駁されているベルンシュタインも、どちらも『資本論』を引用しながらそれを理解していない。それで論争しているんだ。もっとも彼らは、ぼくらのように研究室にいるわけではないから無理もないかも知れないが、日本のマルクス主義経済学者諸君は研究室にいても、そしてぼくが指摘してもわかろうとしない。マルクスもいわゆる窮乏化法則を――間違っているにしても、それを――経済学的に証明しようとしているのに対して、いわゆる崩壊論、正しくいえば階級対立による変革の理論は、経済学的に証明しようとはしていないんです。そういう点が全然わかっていない。

――以前に先生の講義で、『資本論』を貧乏物語のようにとっちゃいかんという事をお聞きしましたが、その点は一般の経済学者は、なかなか納得しないんじゃないですか。

宇野　貧乏の問題だったら封建社会にもアフリカ諸国やアメリカにもあるんだろうが、そしてそれは確かに重要な問題なのだろうが、社会主義の主張は、失業すれば貧乏する、その貧乏を退治するというんじゃない。貧乏の原因をなす失業そのものを問題にしているわけだ。資本主義の組織を変えるというのだ。資本主義の組織を変えるというのと貧乏を退治するというのとの違いだね。貧乏を退治するというのは、ガンの治療にぬりぐすりをつけるようなもんで、対症療法にすぎない。原因を問題にしなければ科学的解決にはならない。

――賃銀が上がれば、それで一応解決しますね。

宇野　そういうわけだ。

――しかし、窮乏化法則の宣伝は運動を組織していく上で非常に有効な材料になるという面がありますね。

宇野　それはもちろん、今もいうように運動の中では言っていいんです。しかし、それを理論的に証明されたもののようにいうからいけないんだ。組織運動にあたって失業している労働者に、その窮乏化をとりあげて、それを解決するには、資本主義を解決しなければできないんだというのは、当然だ。ただ、必然的に窮乏化するものとして資本主義を批評したのでは、ほんとの批判にはならない。それでは君もいうように、景気がよくて、賃銀が上がれば、問題は片づいたということにもなりかねない。そうではないんです。いくら賃銀が上がっても、といってもそう上がるわけはないが、問題は片づいていないというところに社会主義の問題がある。

実践と社会科学の役割

——疎外革命論などは評価しますか。

宇野　それは言っていいと思いますね。疎外という言葉がいろんな意味につかわれるので一概には言えないが、ぼくは労働力商品化こそ近代的な資本家的商品経済の疎外だと考えている。そして労働力商品化を変革しなければ社会主義にはならん、そういう意味では言ってもいいと思う。むしろそれこそ根本的な問題だろう。

商品経済は労働力商品化による資本主義ではじめて全面化するわけで、それは資本主義経済の根本をなしている。それを単に貧乏を退治するとか、戦争をなくするとかといったのでは、まだ戦争とか貧乏とかが、どこから出てきているのかという根本の問題がわかっていないことになる。労働力の商品化ということに社会主義の問題があるということが明確にならないままで、例えば、統制経済をやればいい、計画経済をやればいいというのでは、資本主義の計画経済とあまり変わらないことになる。それでは本当の社会主義の主張にならないのじゃないか。経済学の原理は、そのことを明らかにするわけで、この点を明確にしないで、原理で同時に社会主義の必然性を説くというのは、かえって社会主義の運動の目標をも不明瞭にすることになるのではないか。

——少し科学万能主義といいますか、全部……

宇野 何もかも科学でわかるように思うのはかえっていけないのじゃないか。佐藤君は、ぼくの原理論は歴史的日付をもたないようにいっているが、資本主義を対象にしている原理に歴史的日付がないというのはおかしい。原理の想定する純粋の資本主義の発展は発展でないように思っているらしいが、それも誤りだ。純粋の資本主義も蓄積をやるし、また生産方法も変え、生産関係も変わるわけで、生産力も増進する。それこそ恐慌論で明確になってくる。もちろん原理で中世封建社会から資本主義への転化、あるいは、重商主義と自由主義と帝国主義の発展を説けといっても、それはできない。それだから段階論をいっている。

——これは、前にやった座談会(「経済学方法論の問題点」〔宇野弘蔵『経済学を語る』、東京大学出版会、一九六七年所収〕）でも出ましたね。いわゆる縮図論に対する佐藤さんの批評も、縮図ということで唯物史観を矮小化しはしないかというのではないですか。

宇野 まあ、そうだろう。縮図という言葉が悪かったら変えてもよいが、唯物史観にいう生産力と生産関係の矛盾という、この矛盾を科学的に説くとすると経済学の恐慌論による他ないのではないか。変革とは違ってたしかに矮小化したものとしてしか説けないので、縮図などといったわけだ。その点はマルクスが唯物史観の解明をブルジョア社会の解剖を与えてくれる経済学に求めたことと考え合わせてもらいたい。

――一般に、宇野先生の学説は、新カント学派の系列をひくものであり、したがって何とかして純粋科学主義でいきたいんだと、そういう先入観がかなり強くあるのではないかと思いますが。

宇野 たしかにぼくの考えにそういう面があります。もともとぼくは新カント派の影響を受けていますからね。しかしもともと新カント派のような観念論じゃない。その点はもう幾度も弁明しているのだが、なかなか受けいれてもらえない。ぼくのマックス・ウェーバー批判もその点にかかっている。経済学は、その方法自身をその対象をなす資本主義に教えられているんだといっているので、これは何といっても新カント派じゃない。ただ、科学的認識の限度を明確にするという点でカント哲学に類するものと考えられるのだろうが、実は、経済学という学問自身が、マルクス経済学で明らかにされたように、その対象を歴史的に生成されるものとして限定しているので、ぼくの場合は経済学自身によるいわば自己批判だ。社会科学として経済学自身が自らそのことを示している。しかしそれと同時に、その対象を原理としては完全に体系的に示しうるというのだから、新カント派はもちろんのこと、カント哲学とも全く違う。不可知論を完全に脱却している。多くのマルクス主義哲学者諸君は経済学によらないので、その点が通じないらしい。

——新カント派はイデオロギー分析の方法論としてはどうですか。

宇野　ぼくの理解するところでは、新カント派こそイデオロギー論によって社会科学をやれると思ったものではないか。あれは法律学に適しているんです。経済学は新カント派にはやれなかったんです。しかし法律学も社会科学としてはやれない。イデオロギーの変化をやらないと社会科学にはならない。新カント派は法律学が如何にして成立するかをやるだけだ。

昔、一橋の左右田喜一郎さんが、いわゆるライテンデ・イデー（嚮導理念）を貨幣概念にもとめて経済学の成立を説こうとしたことがあったが、あれは全く新カント派の方法といってよいのではないか。もっともその後の左右田さんはぼくにはわからんようになってしまったので何ともいえない。それはともかく、ぼくの場合は、そういうライテンデ・イデーなんかによらなくても、というよりは資本主義自身がそういう基本的概念を明確にしてくれることを主張しているので、新カント派はとっくに卒業しているつもりだ。ぼくは学生時代にある程度、新カント派を勉強したことは事実だが、そしてその影響があるかも知れないが、しかし、そんなことは問題にならないのではないか。具体的にその理由を明らかにしなければ何ともいえない。

――向坂逸郎先生もそういうことをいっておられますね。「宇野君は東大生のころぼくとちがって散歩がきらいで下宿で本ばかり読んでいた。リッケルトをよく読んでいた。宇野君の『資本論』理解の背後にはリッケルトの科学論がある。散歩がきらいな性格が、宇野君を非実践的にさせたんだ」と、向坂先生が冗談まじりに言っておられたことがあります。

宇野　そんなことはない。ぼくは始めから実践運動をやろうとは思っていない――というより、ぼくの社会主義入門がサンディカリズムだったので、ぼくには実践運動はやれないと思いこんでいたのだ。長くマルクス経済学をやっているので社会主義者だと思っている人もあるかも知れない。あるいは社会主義者としての運動を回避するためにああいうことをいっているんだと思う人もあるかも知れないが、そんなことはどちらでもかまわない。ぼく自身社会主義者でなくてもマルクス経済学をやってちっともかまわないし、正しいことを正しいといっている分には、それでよいと思っている。しかし弾圧のはげしかった戦前には『資本論』に対する疑問も社会主義運動の弾圧に荷担することになるのではないかと思ってひかえていたということもないではない。しかし、戦後はそういう心配もないし、段々とその疑問も明確になってきたので、諸君にも述べているわけだ。

ぼくらのような社会主義者でないものがもつ疑問にも答えられてこそ、マルクス経済学は科学といえるのではないか。そしてマルクス経済学はそういう科学になってこそ、科学的社会主義としてのマルクス主義にも役立つのではないか。スターリン論文がその点を最もよく示していると思うのだが、どうだろう。

――スターリンの最大限利潤法則なんていうのも、政治的プロパガンダとしてはそれなりに効果があると思いますが、経済学的に規定できるのでしょうか。

宇野　いいかも知れないが、結局はよくない。科学的には意味をなさない。最大限利潤というのは独占利潤の意味で使っているんだろうが、どうしてそんなことをいったのか。独占利潤といえばいいのを、どうしてそういうか。根本は独占利潤だったら原理にならないからかも知れない。しかし、そういう利潤に原理が成り立つように考えるところがおかしいのです。近代経済学にいわゆる寡占というのと同じ考えがあるのではないか。これはマルクス経済学の利潤論、さらに価値論を放棄するものといってよい。

——独占利潤論は金融資本による特殊な価格形成の要因を指摘すればよいわけですね。

宇野　価値論のない需要、供給論になってしまう。利潤も実体を離れたものになる。全く内容のないものになる。労働者と資本家の関係などわからんようになってしまう。問題は、経済学の原理はどういう前提で解明されるか、そういう点を明確にすることが大切なのだ。そういう点は確かにカントやリッケルトから教わった科学批判の精神といってよいかも知れない。しかし、カントはもちろん新カント派もマルクス経済学を知らないので、ぼくにとっては実質的には問題でない。それはともかく、科学的社会主義というのは社会主義の運動が科学を利用することをいうのだとぼくは思う。エンゲルスは社会主義自身が科学になるといってるけれど、あんなことをいっちゃ困る。社会主義というのはイデオロギーでいい。社会主義が科学を利用するので、それ自身が科学になるわけではない。自分らが変革の対象としている資本主義を科学的に解明する経済学を持っている、それでいい。社会主義を主張するそのことが、そのまま科学じゃない。前にもいったように、誰でも実践しようとすればイデオロギーによらなければできない。そのイデオロギーまでみんな科学にしてしまおうと思うから無理が出てきて、スターリンがいったのはみんな科学だというようなことになるんじゃないか。あるいはコミンテルンがいうと、綱領もみな科学ということになるんじゃないか。それは科学じゃないことを明らかにしないと科学を利用する実践綱領にならない。『資本論』自身にそういうイデオロギー的なものが、その科学的規定に混同されていたというのは、おそらく一九世紀中ごろにその後の帝国主義を知らないで書かれたということにもよるが、マルクスが社会主義者であって、それで経済学批判も可能になったわけだが、しかしまた行きすぎが出てくることも避けられなかったという、そういうことによるといえるんじゃないか。それは決してマルクスをけなしていうのではない。何かマルクスが一言でも間違ったことをいっているというのはマルクスを侮辱することのように思うのは、その方がおかしい。マルクスを神様にするのではほんとに尊敬していることにはならない。そうしなくても、科学者として、また同時に社会主義者として、どちらでも非常に偉い人間として尊敬するのが本当ではないか。

——そうでないとレニンの果した役割なんかも区別して論じることができなくなるんですね。

宇野　と思うね。『帝国主義論』を『資本論』の続きにできるかどうかということを何度も議論してきているが、ぼくにはどうしてもできないと思う。先にいったが、岩田君の『世界資本主義』はわれわれがヒルファディングの『金融資本論』や、レニンの『帝国主義論』で幾度も論じてきたことを無視して、『資本論』の明らかにしている基本法則を改訂してまでも続けようというのだ。それではもうマルクス経済学ではない。レニンは資本の集中、集積論で続けているようで、実は切っている。ただその点が明確でないので問題は残っているが、正しい方向をとっていると思う。ぼくはヒルファディングを参照しながらレニンによっている。どちらもあれだけの仕事を実践運動の中でやったのだから大したものだ。ぼくなどは研究室でいわば整理しているだけだ。しかし、この仕事も無用のことではないと思う。帝国主義論を原理的にやることを主張する者は、独占利潤を原理的に説いてからにしてもらいたい。ぼくは実際にやらないでただ主張するだけでは意味ないことと思う。

科学的規定と哲学の任務

——清水論文に移りたいと思います。清水氏は、これまで氏の論文集『自己疎外論から『資本論』へ』などで主張してきたことを、簡潔に要約しているわけです。資本主義社会の変革をめざす階級的主体の形成の論理に関して、カウツキーやレニンのいわゆる外部注入論と自生的主体形成論などが対立しておりますが、清水氏は後者の自生的主体形成論をとっておられるようです。その点についてどう考えられますか。

宇野　清水君は、ぼくが変革の主体としての労働者がその点を自覚するのだといえば〝哲学者は満足するだろう〟と言ったので憤慨しているようだが、ぼくの言葉に不明確な点もあって誤解もあるようだ。実践活動を何か理論的に三段階の認識のあとに行なわれるかのように、ぼくが考えているようにとっているが、そんなことはない。実際また社会主義にしてもマルクス主義以前からある。だが、変革の主体が労働者であるということは、マルクス経済学で初めて明確になったのではないか。しかしそれは労働者自身で自覚されることであって、労働者が変革の主体になるというものではない。経済学は資本主義が労働力商品を基軸にして動いていることを明らかにして、それによって変革の主体をも明らかにしたわけで、マルクス主義にとっては社会主義的変革がいかにして行なわれるべきかをこれによって示されたといってよいのではないか。ぼくはそういう変革の主体と運動の主体の関係を考えている。清水君は労働者の立場を労働力の主体ということから考えて、やはり直接に変革運動の主体としたいのではないか。どうもそれは無理だと思う。

哲学の問題はもちろん科学と関連しながら展開されるべきだが、科学的規定を直ちに哲学的立場から展開すべきではないのではないか。科学的規定が曖昧だったり、不十分だったら、やはり科学的に正すべきだと思う。ぼくは哲学の第一の任務は科学的規定の方法を明確にすることだと思うし、マルクス経済学は、その点で唯物論的弁証法の基礎を与えてくれるのではないか。カントはもちろんのこと、ヘーゲルもマルクス経済学のような材料をもっていなかったのに『大論理学』を残している。ぼくにはあれはよくわからないが、マルクス経済学の原理論があれにかわる、マルクスのいわゆる「ひっくりかえし」がやれるものではないかと思っている。それはともかく、その原理論でも、われわれはまだ、篇別、章別の関連も、その相違も明確にしてはいない。ぜひ哲学者の協力が欲しい。清水君は哲学的に経済学の原理論の中で直接に「否定」の体系を展開したいと考えているらしいが、そしてその動力を労働主体に求めようとするのだが、原理論はその対象の発生、発展、消滅の論証さえ自己の体系の中には展開し得ないのだから、原理論が自らその全体系を廃棄するというようなことは、われわれにはどうしても考えられない。むしろ原理論の法則性について、それこそ科学的にもっとよく考えてもらいたい。

――『経済政策論』の序文では哲学の根本問題は理論と実践の関連を明らかにすることであると指摘されてますね。

宇野　それはぼくの考えている哲学のもう一つの任務だ。イデオロギーの実践における役割、そしてさらにその実践における科学の役割、そういう点を明らかにするということだ。実践の必要とするものは科学的理論だけじゃない。科学的理論だけでは実践はできない。われわれのいうのは自然科学と違って科学的理論を技術的に使えるという実践ではない。実験のできない理論を実践に利用するので、そのままに使えるわけではない。そういう意味で、ぼくは実践というのを政党的実践として、その性格の解明を非常に重要に思っている。清水君はたとえば「労働者の労働主体としての実践」などといっているがそれは不明確だ。ぼくが対象を完全に認識すれば変革できるというときの変革は、体系に対してはいわば外から変革するということになる。体系の中で労働者が自覚して、体系を廃棄するということは、体系の運動を明らかにする法則自身からはいえない。ぼくは『資本論』もそういう否定を期待したために恐慌論ができなかったのではないかとさえ思っている。そして恐慌論がない体系は、対象を完全に知るということにはならない。エンゲルスは、そしてレーニンもそれによって、実験と産業とを並べて科学的理論の唯物論的験証をなす実践といっているが、自然科学の場合はともかく、社会科学ではそんなことはいえない。社会科学としての理論に対する実践は社会運動ということになる。産業の方は資本家的産業として経済学の対象をなすわけだ。しかし、これも経済学の法則を技術的に利用するという関係にはない。経済学の明らかにする法則は、自立的にその法則を展開するもので、何らかの方策はむしろ、その法則の展開を阻害するものとして作用することになる。そこに経済学が、技術的には利用できない法則を純粋の資本主義を想定して初めて解明しうる根拠がある。もっとも清水君はこの問題についてぼくのいう点を明確に理解していないようだ。

例えば、こういっている。「理論と実践がまったく外的にかかわるのであればそれこそウェーバー的であるわけだが、宇野経済学の場合はそうではないはずである。経済学は法則を廃棄するという実践にのみ利用されうるのであって、部分的に政策の役にたつといったものでない、という教授の主張だけとってみてもこのことは理解できる」といっているが、ぼくは経済学の法則を利用するとはいっていない。経済学を利用する実践と経済学の理論とは「外的」な関係しかないという点では、ウェーバーと同じかも知れないが、しかし「利用」の仕方が違う。「法則を廃棄する実践」が利用するのは、法則の展開自身ではない。経済学の明らかにする法則に代わるものを打ち出してゆくという点で経済学を利用するといっているわけだ。ぼくのいい方に誤解されるようなものがあったかも知れないが、これはぼくの経済学に対する根本的な考えなので、是非明確にしてもらいたい。社会主義が経済学をこういう仕方で利用するという点は、しかし従来、マルクス主義者諸君にもけっして明確になっていない。それは例のマルクスの「否定の否定」の必然性のせいではないかと思うが、この点が明確でないと、社会主義の建設にかえって難点を残すことになるのではないか。

——プラクシスの主体としての労働者を主体的プラクシスの「可能態」として捉えるというような言葉が出てきますが、その点はどうでしょう。

宇野　それは資本の生産過程における実践と資本主義を変革する実践とを直結したいのだろうが、それが今いったマルクスの「否定の否定」ということになる。問題は『資本論』

の第一巻第二十四章第七節に対するぼくの批判が誤っているかどうかということになる。結局、その点が解決されないで、こんなことをいくら論じていても意味ないのではないか。法則を否定するものが、その法則自身から出るということが論証されれば解決されるわけだ。

資本主義の法則と変革の主体

宇野 それと同時に、資本主義は必然的に変革されて社会主義になるというわけだが、その社会主義とはどういう社会主義なのだろうか。変革の過程は一体どういう過程をなすのだろうか。資本の生産過程における実践が、たとえば恐慌過程で変革的実践に変わるということが、どういう根拠でいえるのだろうか。「恐慌のくり返しのうちに実践主体の確立が基礎づけられる」というだけでは何らの解決にもならない。恐慌論に応ずる実践論といっても、前者は資本主義の運動法則、後者は社会主義の実践、それこそ次元が違うのではないか。それに資本主義の運動法則としての恐慌論は、清水君のいうように決して単なるトートロジーではない。また、単なるモデルでもない。資本主義的発展の特殊の仕方を解明するものとして、ことにマルクスの初めて明らかにした資本主義社会の人口法則を展開するものとして、他の経済法則と同様に、社会主義的実践にとっては、その変革の対象となる資本主義社会の経済的構造を明らかにするものだ。これが明らかになっていなければ、これに代わるものを建設するわけにはゆかない。清水君のいうような変革でどうしてこれに代わるものが出てくるだろうか。

清水君にしても、佐藤君にしても、大変な問題を出しているわけだ。梅本克己君のいわゆる「円環の弁証法」と「移行の弁証法」、あるいは「構造の論理」と「歴史の論理」とを統一的に説くということを求めているわけだが、それは前にもいったように、マルクスが唯物史観から経済学へ進んだ方向を評価しないことになるのではないか。ぼくは、この方向を経済学の現状分析や段階論からも純化して原理論にすすめたわけだ。いいかえれば唯物史観の精神というか、真髄というか、弁証法的展開そのものが、原理論で体系として与えられると考えている。その点を恐慌現象は変革過程の縮図といったわけだ。われわれは、エンゲルスによって教えられた弁証法によっては、どうしても納得のゆかないものが残されていると思わざるをえない。ぼくとしては経済学の原理論における生産力と生産関係との矛盾の展開の内に、唯物史観で与えられた問題が矮小化されるにしてもとにかく解決されると考えている。そしてそれこそ、まさに唯物論的に証明された弁証法をなしているのではないか。

最後に一言するが、社会主義的変革は、ブルジョア革命と違って旧社会でその発展を阻害しているものを除けば自然に発展するというものではないということを注意してもらいたい。これもしばしば述べてきたことだが、同じ変革でも質的な相違があることが認められなければならない。それでこそ人類の前史が終わるという言葉も生きてくる。

（一橋新聞、一九六八年四月十六日・五月十六日号）

理論と実践について——『「資本論」と社会主義』をめぐって——

（対談）松村一人

思想と学問

松村　この本（『「資本論」と社会主義』）を拝読してみて、私としてはいろいろお聞きしたいことがあるのです。この本には、かなり突っ込んでやらないと、なかなか簡単にわからない問題がありますし、また私自身が、それらの問題をすべてよく理解したうえでお聞きできるとは限らないように思うのです。そこでまずお聞きしたいことは、宇野先生がどういうわけで、こういうふうに考えられるようになったかという動機と道筋です。そうしたら読者も問題に近づきやすくなるのではないかと思います。

たとえば理論と実践との関係というような問題につきまして、これはこの本の中で大きな筋をなしていると思いますが、そしてそこには傾聴すべき態度が貫かれていると思うのですが、どうしてそういうことが先生の大きな問題になったかということ——これについてすでにこの本のなかにある程度書かれてはおりますけれども――もう少しくわしくお聴きしたいと思います。その際に先生が誤った態度と思われたものとはっきり対比して述べていただくと、またわかりやすくなるのではないかと思います。

宇野　どうしてこういう問題を考えるようになってきたかということは、この本のあとがきを書いたあとで、不十分だと思ったのですけれども、これを少しくわしく書くとなると、かなり個人的な問題を書かねばならなくなるわけです。簡単にいえばあそこで書いたように、自分が経済学をやろうとした動機は社会主義の科学的根拠を知りたいということにあったためですが、大学の経済学の教師をしていて、多くの友人や学生が社会主義運動をやっているのを見ている者として、戦争前の十何年間は、なまじっかな説明のできないものがあったのです。だんだんと情勢が変わってくるにしたがって、私のほうが落ちついた考えになってきたのですけれども、最初の頃は、けっしてそうではなかった。次第に運動が狭く、同時に極端に激しくなるとともに、私の方はかえって自分の専門とする経済学をやらなければならないという方へ離れてきたのでした。この気持を伝えるためには言いわけのようなものもしなければならないことになるが、言いわけなんかしたくないから、いままでその点についてはほとんど話をしていない。はじめてこの本のあとがきに、その点を簡単に書いたのです。

私の友人で、友人といっても元の学生ですけれども、栗原百寿というのがいまして、戦争がすんだあとで、私に葉書をよこしまして、これから自由にものが言えるから、自分にとってこんないい状況はないのだといってきた。私はそのときに自由に言えるということはたしかにそうだと思うけれども、学問的成果というものは、そう自由に上がるものじゃないということをいったことがあるのです。自由にいえるということと、学問的成果をあげるということの関係は、戦前では自由に言えればなにか正しいものを摑んで言えるかのように思われる状況があったので、その点に混乱があったと思う。もちろん圧迫されていて、自由に言えないということは学問的にもけっしてよいことではないし、不都合なのですけれども、栗原君の仕事にしても、彼が一番不自由なときに一番いい本を書いているという事実もあるのです。それは私には軽視できないことに思える。

松村 いつ頃の話ですか。

宇野 戦争中です。昭和十八年か十九年、彼の主要な著書になった『日本農業の基礎構造』といいましたかね、あの書物です。私は栗原君としては一番いい仕事だと思っている。これが出たあと、すぐ彼は捕まってしまって、戦争が終わるまで捕まっていたのですけれど、その後自由に言えるようになってからは、どうも私の評価ではあまり科学的な成果を上げているとは思えない。真面目な熱心な人ですが学問的成果はあまり十分とは思えないのですね。もちろん学問的研究といっても、誰もイデオロギー的なものなしにやるということはありえないので、動力としては、ことに出発点では、社会主義的なイデオロギーとか、国家主義とか、いずれにしても何らかのイデオロギーがあるにちがいない。しかし栗原君の場合にも、そういう熱情的動機がむしろおさえられたところに学問的成果が上がっている。自由になってその間の調和のとれない点がでてきたのではないでしょうか。マルクスにしても彼が社会主義者だったということは、経済学の研究の非常に大きな動力になっていると思う。しかし、動力になっているからといって、社会主義者という見地が、すぐ問題を解明するのに積極的にどれだけ役立ったかというと、これはなかなか問題があると思うのです。たとえばマルクスとエンゲルスとを比べると、エンゲルスの方が経済学に関しては、ちょっとですけれども成果は早くあがっている。マルクスはエンゲルスについて経済学をやるようになった。しかしその成果はなかなかあがっていない。エンゲルスの初期のものをみると、経済学的な批判よりは、社会主義的批判が非常に強く出ている。経済学としての評価からいうと、あれはあまり高く買えないのですね。そういうイデオロギーと学問的成果との関連は非常に問題だと思うのです。イデオロギーと科学といった場合に、私はマルクスにしてもその社会主義的イデオロギーは、学問研究の範囲では常識的なイデオロギーを消すという、消極的意味をもっているというところに、むしろ科学の成果があがる根拠があったのじゃないかと考えたわけです。実践運動自身から言えば、科学はなにも実践運動をあらゆる点において規定するということはありえない。イデオロギー的な理論というものがなければ実践はできない。しかしそういうイデオロギー的な理論で処理できるというバックには、やはり科学的な研究のいろいろな枠がでてきているというところに、科学的社会主義としてのマルクス主義の特色がある。私の考えでは、その枠の最も基本的なものがマルクスの経済学だった。しかしまた、その枠があるからといって、すぐこれから実践に対する理論的イデオロギーの内容が与えられるかというと、そうじゃない。実際行動をする場合に役立つ、この理論的なイデオロギーというものは、具体的な事情に応じた判断としてできあがるのです。科学としての理論は、その枠を作ることにある。その点でいまのイデオロギーとしての理論との間には相違と距離とがあるわけです。極端にいえばその点、『資本論』自身にも、またその後の『資本論』の取り扱い方にも問題があるのです。マルクス経済学の、その後の発展を考えると、『資本論』の理論は、帝国主義論のような段階論に対して原理論として純化されなければならない。そこでこの原理と段階とを前提として現状の分析が科学的に行なわれると、これを政治的実践家が自分の目的活動にその基準として利用する、そうすればその運動は一定の科学的枠をもつことになるので、そうむやみな運動にもならないし、また常識的な運動でもなくなってくるのじゃないか、こういうのが私の考え方なんです。それをすぐ『資本論』は科学的であると同時にイデオロギー的であるというので、実践の聖書のように考えられる。また実際『資本論』にはそういう役割をしうるような性格がある。しかし『資本論』は実践の聖書だといっても、どの国の、どの時期の運動にもすぐ役立つというものではない。『資本論』が科学的な経済学の原理として役立つ枠は非常に大きいので、それを直ちに実践活動の理論の枠とするといろいろの混乱や誤謬がさけられなくなるのです。この点、いままでのマルクス主義の人の考え方と私の考えとは非常にちがっている。

どうしてそういうふうに考えるようになったかというと、私は『資本論』と同時に『帝国主義論』を読むという事情にあったし、また東北大学でも経済政策論を講義したものですから、経済原論と、こういう政策論と、どう関係づけたらいいかということが始終、問題としてあった。それにまた当時、日本資本主義の分析に関する論争が行なわれていたので、それとの関係も考えざるをえなかったわけです。私としては経済学の原理と帝国主義論のような段階論と日本の現状分析との関係を明らかにしなければ、理論と実践との関係も、そう簡単には片づけられない。先にもいいましたように、実は『資本論』自身にその点を明確にしていない面があるのです。それと同時にまた、理論と実践に関する関係をマルクス主義経済学者・哲学者諸君がどう考えているかという点に疑問があったわけです。

私自身、エンゲルスの『反デューリング論』とかレニンの『唯物論と経験批判論』などを読んで大いに啓発されていたのですが、いまのような考え方が成熟するにしたがって、マルクス主義哲学というものがこれでいいのだろうかという考えが、常にでてくるのです。経済学あるいは社会科学一般でもいい、それと実践運動との関連についてもっと明確な考え方がなければならないと思ったのです。エンゲルスとレニンの哲学の基礎になっているのは自然科学的な考え方です。もちろん社会科学的問題も取り扱っているのですが、それは正面きって社会科学的な問題を取り扱うというよりも、むしろ自然科学的な問題について、哲学的な考え方を確立して、それを社会科学の方へ応用するということになっている。そういう考え方と私の考え方とではまるで逆になる。これがマルクス主義哲学に対する私の根本的疑問となっている点です。私のこの書物にたいする書評として、マルクス主義哲学が社会科学的な問題を取り扱っていないというのは事情にうといというのがありましたが、私のいいたいのは、自然科学的な考えからきた方法を、例えば『資本論』の弁証法に適用するということが問題だというのです。社会科学の特質とか、経済学の特色なるものを考えたうえで、その考えを哲学的に考えるとどうなるか、理論と実践との関係の問題も違って考えられてくるのではないか、というわけです。

経済学の論理

松村　自然科学をこなしてこれからもってきたというほどに、哲学者は自然科学を知っていないと思うのです。社会科学のほうから要求があると同じような要求が、自然科学からも出てきうると思うのです。『資本論』の弁証法などを論じたいくつかの本について、宇野先生が、よそからもってきたようなものを感ずるというふうに言われましたけれども、私もそうしたものを二、三読んだことがあるのです。が、例えばローゼンターリの『資本論の弁証法』という本、ああいうものを読んでもほんとうに『資本論』のうちにはいりこんでいるようには思えませんね。

宇野　それは、こういうふうに私は理解しているのです。従来の偉い哲学者、カントとかヘーゲルとかというような人は、自然科学から学んでいる。ヘーゲルなどはある程度社会科学の影響もうけているとかいうことですが、とにかく科学的方法を基礎にしてその哲学体系をたて、それが受け入れられて、いまの哲学者諸君のカテゴリー論とか、いろいろなものが出ているのだと思うのですけれど、ヘーゲルにしてもどれだけ社会科学的な考慮が入っているかという点に問題があるのではないでしょうか。それを解明してつきとめるということが重要だと思うのです。もちろん私自身はカントもヘーゲルもろくに読んでいないので何も言えないのです。が、ただマルクス自身が『資本論』でヘーゲルの弁証法について、これを唯物論的なものにひっくり返さなければならないということを言っている。しかしそれはどうやってひっくり返すか、これが私には問題だったんです。非常に大ざっぱな考えからだったのですが、私は、社会科学ならばそういうことがやれるが、自然科学にはそれができないのではないか、ということを早くから考えていたのです。もちろん自然科学や哲学をやりもしないで、そういう予想をもっていたというのはおかしいのですが、これが私の二十代、三十代のいわゆるヴィジョンだったわけです。『資本論』を勉強しながら経済政策論をやっているうちに、経済学の原理ならば唯物論的な体系が展開され得るのじゃないかと段々に思うようになったのです。自然科学の場合だと、対象自身が自然現象という、いわば向う側にあるわけですが、社会科学だと対象自身が人間の活動であり、歴史的な過程だという点に自然科学とはちがった方法が要求される。しかも自然科学による唯物論は、いわゆる機械的な唯物論として体系的に完結しえないので、弁証法的関係も何か外的なものになるような気がするのです。これに対して社会科学、ことに経済学の原理となると、弁証法的な関係が、体系的に展開されるのではないか。たとえばヘーゲルの『論理学』なんかをのぞいてみるといろいろな例解がある。数学的なものがでてきたり、社会関係のようなものがでてきたりする。われわれは一寸いいくるめられているようにしか考えられない。これとくらべて経済学の原理になると、対象に即して、対象自身のなかでロジックが順々に展開されてくる。ロジカルな体系として、そのまま対象に即した体系ができる。これが歴史的な社会現象を対象とする経済学の原理の特殊性じゃないかと思うのです。私はよく学生に笑い話にいうのですが、自然科学のほうはいくらでもノーベル賞がもらえるが、経済学にはノーベル賞が出されるとしてももらえない。というのは経済学の原理となると、システムとして完成され、始めがあり、終わりがある、それがすでに『資本論』でその大体を示されているというわけです。それは一定の歴史的社会を対象にしているということから起きることですが、同時にまた原理と現状の処理ということに関して、自然科学と違った手続きのいる理論をなすことになるのです。たとえば経済学の原理が技術的に使えるかどうかという問題もそこにある。現状分析をすると、それがすぐ技術的に使えるかというと、そうじゃない。科学的分析は実践活動の枠にはなるが、技術的には使えない。相手も実践活動をもって反応してくる。自然科学の原理を技術的に使う場合は相手は物ですから絶対的にではないでしょうが、その反応作用をふせぐことができるでしょう。しかし社会科学ではそうはゆかない。ある人が貨幣の流通手段としての量は『資本論』でも明確にしているように法則的につかまえられるのだから、銀行券の量なんか科学的に測定できるのじゃないかといって、何か技術的にその法則が使えるように私にいったことがあるのですが、それが使えないのです。使えないからいろいろと間に合せの方法をとっているのですが、それがまたいろいろの利害関係を生ぜしめることになる。少なくとも、あらゆる人々に同じような利害関係をもたらすというような銀行券の発行の科学的方法というものはないといってよいのです。要するに、経済学の原理は体系的な理論になる代わりに技術的には使えないという特殊のものになるのです。レニンの『哲学ノート』をみてもヘーゲルの『論理学』の論理を『資本論』に適用させるかのようにいっているのですが、私は経済学の原理と論理とはもっと内容に即した関係があるように思う。それは自然科学の理論と直ちに共通にはいえないのではないでしょうか。これは哲学としてはまったく素人考えですけれどもね。

松村 宇野先生が言われる意味が、非常に理解できるようにも思うのですけれども、経済学の原理論のなかで、マルクス主義哲学というものが、ほんとうに完成された形をとることができるというふうに言えるかもしれないと思います。ですけれども、経済学の原理そのものが論理学であるというふうには思えないので、そこには区別もいるように思うのです。

宇野 たしかに私もそう思います。しかし実際はその関係がよくわからない。経済学の原理のような内容をもたない、抽象的なカテゴリーが展開されてもよく理解できないのですが、しかしまた、そういう抽象的規定が展開されえないともいえない。ただ私は、例えば矛盾とか、必然性とかといった場合にも、いちおう内容が与えられて始めて的確に理解できると思う。経済学の原理の論理はそういう言葉の使い方にももっと明確なるものを与えているのじゃないでしょうか。

松村　やはりこれまでに明確性がないのですね。実際カテゴリーというものは、たんなる言葉としてあるんじゃなくて、普遍的な事態を見ることが根本になければなりませんね。その事態をみるためにはどうしても、経済ならば経済学原理論というものの中における一つの特定な事態のなかで、ある一般的な事態をみる、そういうことをしない限りは、カテゴリーの構造は明確に出てこないわけです。これまでのカテゴリー分析において一番不満に感ずるのは『資本論』からその構造、論理的連関というものを採るのでなくて、なにかあるカテゴリーが当てはまりそうなものをいろいろあげてくる。私は悪い意味の例証主義だと思うのです。例がいいというのでなく、例自身、構造自身を充分論理的に分析しないで、ただ一本の筋だけこういうものがあるのじゃないかといって利用する。またこっちのことをいいたい場合には、それに都合のいい例をあげてくるのです。ところで他方、先生の御著書をただうっかり読むと、経済学の原理論と哲学との区別がはっきりしないようにも見えるので、それをはっきりさせていただきたいような気がします。そうすると、どういうふうに哲学は作られなければならないかということが、私にもはっきりわかりますし、またそういうふうに私もやりたいと思っているのです。これまでの資本論の弁証法のやり方には非常に不満をもつのです。

社会科学の方法と哲学

松村　それからもとにもどりますが、自由になったから、これからは研究がすべてうまくいくという考えが安易だという意味のことを申されましたが、それは全くその通りだと思います。もう一つ宇野先生が言われたなかにでておりますけれども、社会主義の方向を目ざす実践というものへ結びついていれば、自動的に正しい把握ができるというような卑俗な考えがあって、そのために本当の科学性がこわされていく。栗原君について言われたようなことは、大切なものを含んでいると思います。私は戦争中に書いたものがいいかどうかわかりませんけれど、いま考えてみると、非常に苦しいときに書いたものは、いまみてもなかなか苦心してあるのですね。そのあとはほかのものにもたれかかってイージーになっている。これを反省しないと、かえって実践を推進させないで誤った科学の上に立つ実践ということになる。スターリンの個人崇拝というものも、こういうものがでてくる状況というものは理解できる点もあるのですけれども、それがまちがっているということも事実で、まったく非科学的なことだったと思います。

宇野　スターリンは、個人的性格とか政治的行動とかという意味を別にしましても、私はそうとう偉い人だと思う。しかし経済学に関する限りはあまり買えない。私の推測ですけれども、どうも『資本論』そのものを十分にやったというよりも、エンゲルスの『反デューリング論』を若くして読んで、それからきた経済学観とか哲学観とかいうものが強く入っているのじゃないでしょうか。エンゲルスの場合は抽象的に言っているので、あれでもすんだのですが、スターリンの場合は具体的にソヴェトの現実の状態と世界の資本主義を規定しなければならない。そのために欠陥を暴露することになったのじゃないでしょうか。私はスターリンのものをあまり読んでいないので、そういうことは言いたくないのですけれども、ごくわずかなもの、ことに最後の論文を読んだ感じでは経済学はどうも買えない。これは友人たちとも何べんも議論したのですけれども、もちろん私の経済学の考え方にもまちがっているものがあるかもしれないが、例のスターリン論文はその根本的な法則性という点で賛成できません。

実際政治家は、もちろん経済学の専門的研究をやる必要はない。しかし科学的に与えられたものをできるだけ利用してほしい。科学的に利用するといっても、それは前にいったように技術的に使うのではなく、科学的に与えられたものを自分でも納得した上で受けいれるというだけのことですが、それにしてもどういう考え方をとるのが正しいかということは、自分なりの責任でやらなければならない。科学的研究に従事している者は、ただ科学的に正しいと思っていることを言っているだけで、それを利用して政治をやれといわれても、やれるものじゃない。この点は、社会科学の理論が何か技術的に使えるもののように考えることから種々な誤解があることと思うのです。事実、政党活動になると、科学者のようにここから先はわかりませんということは言えない。そこに政党なり、指導者なりの役割がある。科学的にはまだ解明されていない点をイデオロギッシュな解釈をもって解決し、実行しなければならない。もっとも、そういう解決自身には原理から現状分析までの経済学の科学的成果が非常に影響する。またその方法は哲学的な考え方としてあらわれる。例えば機械的唯物論と弁証法的唯物論とで非常な相違があるのではないか、そういうふうに思うのです。しかし、経済学がその科学的解明を原理から段階論、現状分析と、どれだけ成果をあげているかといわれると、それはまだまだ非常に不十分だというしかない。したがってまた方法論的にもそうなので、確実に科学的方法についていえるのは、原理に関する範囲ではないかと思うのです。しかしそれにしても、例えば矛盾の展開といった場合でも、原理に関する範囲では科学的に言えそうな気がする。生産力と生産関係との矛盾といっても、現状分析でいうとなると、たいへんな問題で、うまく処理できないんですが、原理ではそれが恐慌論ででてきているといってよい。その矛盾を現実的に解決しながら、次の生産力、生産関係を展開してくるという形でいちおう摑める。それは唯物史観でいう新しい社会への発展というのではないし、またヘーゲルが言っている矛盾とも、ことによると少し違うような気もするのですが、そういう点はいまの私にはわからない。それはともかく経済学の原理的規定を実際に展開していって、そこに矛盾とか、可能性とか現実性とか、あるいは必然性とかという、抽象的な概念が内容をもって裏づけられると、それこそ唯物論的な、マルクスのいわゆるヘーゲルをひっくり返したものになるのではないか。私の感じでは、そういう点が確実になると、そういう言葉も余裕をもって正しく使えるのじゃないかと考えるのです。

松村　いま先生が言われました矛盾とか対立というようなものは、これまで一般にわかりきったことのようにして使われておりますね。これを宇野先生が言われるようにはっきりさせるということは実に重要だと思います。宇野先生がおっしゃった方向でやると同時に、哲学史を貫いてきた問題としても吟味する必要があります。必然性がそのじつ必然性でないように使われたり、矛盾の概念に多くの混乱があったりしては、マルクス主義の弁証法も十分に確立されたことにならないと思われます。そういう、ほんとうに確立されたものが出てくるのが困難だということを、もっとはっきりさせなければならないのじゃないかと思われます。以前はマルクス主義で、哲学だけではないかもしれませんけれど、傲慢病みたいなものがあったと思うのです。これはレーニンが解決したとか、マルクスが解決した、スターリンが解決したというふうに、解決されてしまったということをしばしばいうのですけれども、どういうふうに解決されたかということは、十分に示したものがない。多くわかりきったように考えられている基本的概念は吟味してみると、いろいろな困難な問題を提出していると思います。これを十分に明確にすることなしにマルクス主義の哲学の前進はないと思われます。

宇野　これは経済学の問題ですが、シュンペーターの『経済分析の歴史』という経済学説史の中に面白い主張がある。労働価値説というものは極く特殊な場合だけに適用されるものだ。一般的には、例えば国際関係なんかでは適用されないというのです。それがためにミルも労働価値説から離れてきたというわけです。ところがこの特殊な場合というのが、実は『資本論』の世界なのです。私はそれを純粋の資本主義社会という言葉で言っているわけですが、彼らにとっては現実を把握する一般的原理は特殊なものから展開すべきではないというのです。ところが、それは不純なものを含む現実を直ちに一般的原理に抽象化するので、実は骨抜きの原理にしかならなくなる。哲学の場合でもそういう考え方があるのではないでしょうか。なにか経済学だけでやるということに不安がある。もちろん私たちも自然科学も知らずに、経済学だけで大げさに哲学論をやるのは、自分の狭い見解のためにそうなるのじゃないかと常に考えるのですが、逆に経済学の対象が人間の歴史が作った非常に特殊なものであるにしても、客観的な過程の内に作られたものであって、しかも、それが人間の力で改廃できるようなものであるということ等々を考えると、必ずしも狭い見解としてしまうこともないのではないか。自然科学では展開できなかったような哲学的方法もつかめるのじゃないかと思うのです。一九五九年一月号の『思想』に富山小太郎という物理学者が測定ということを書いておられる。私にはもちろん十分には理解できなかったのですが、物理学者がいう測定と経済学の中での測定との相違の点を面白く思った。たとえば貨幣による価値の尺度という場合には、第三者的に測定するのではなくて商品に対して貨幣で買うという測定の仕方で、なにもぼくらが測定するわけじゃない。測定自身を対象がやっているわけです。もちろんこの対象というのは人間の行動なのです。もっともその測定も貨幣論ではその形態が明らかにされるだけで、その点マルクスの説にも種々問題があるのですが、資本主義社会は自ら測定しながら一定の自立的社会関係を確立する機構をもっている。そういう点で経済学の対象は一つの完結性をもった体系をなすわけです。私はそこに経済学と哲学との関係を求めているので、哲学専攻の人たちもいっしょに考えてもらえると非常にいいのではないかと思うのです。

松村　例えば『資本論』における矛盾という概念はどうかというような問題ですね。私たちも非常にやりたいと思うのですが、自分だけでやる限度というものはどうしてもある程度でてきましてね、協同の研究ができるとほんとうにいいと思います。

宇野 いまさっき重要な一点を言い残したのですが、経済学の原理の展開と言った場合に、私はこういう考えを持っています。資本主義だけは、いままでの社会とちがって、ある時期までは自己の世界を純粋化する傾向を持っていた、しかも『資本論』ができる頃に、そういう傾向が一番強かった。したがって純粋の資本主義社会というものを理論的に想定する場合でも、それはわれわれが単に頭の中で想定するのじゃなくて、具体的に対象自身がわれわれにそういうものを想定せざるを得ないようにするわけです。後に、マルクスはその時期を知らなかったのですが、実際上はその純粋化の傾向が阻害されるようになってくる。そこで純粋化の傾向によって原理が確立されるという点と、その傾向が逆転するということで新しい資本主義の発展の段階を区別するという点とで、重要な問題がでてくる。そしてその点は少なくとも私らにとっては、経済学の方法についてもっとよく考えてみることが必要なことを示していると思う。私はよく冗談に言うのですが、われわれは二〇世紀を知っているという点だけではマルクスに優越しているのです。帝国主義を知るということになると、いまの原理と段階論との区別をどうしてもしなければならない。マルクスの場合は資本主義が発展すればするほど純粋化するという想定でそれがある程度消されることになる。それでまた『資本論』のような原理の体系もできたのですが、しかしまた純粋の資本主義社会に近づく傾向のほうが強くでて、後進国も先進国と同様にみんなそれに帰一するということにもなる。ところが実際はすでに一九世紀前半でも非常にちがう。その点、われわれが資本主義の末期の帝国主義段階を知ると、問題としてははっきりしてくる。それまでの純粋の資本主義社会に近づくということは一つの傾向にすぎなかったのです。しかし、こういう問題は経済学ではまだ具体的にそうなっているんだというだけで、その間の論理的な関連とか方法論的関連とかは明確になっていないのです。

松村 はじめの方に話をもどしますけれども、理論と実践の関係という場合に、実践という概念に明確でないところがあるように考えられます。実践という概念に、例えば政治的実践というような、重要ではあっても、限られた意味だけをいれると、広く諸科学の支えとしての実践(実験、現実とつきあわせること)が視野から失われてしまいます。

宇野 こういう概念自身はどうも非常に不明確のまま広く使われていますね。もっと明確に具体的に規定しなければいけないのじゃないかと思う。

松村 理論と実践ということをかりにいった場合にも、両方の関係が正しく摑めない。摑めないためにこの言葉自身が混乱しているというような関係になってくるのですね。

宇野 私はそういう混乱をさけるのも哲学者の任務だと思う。しかしそれはまた、経済学でその対象となっている日常的実践と政治運動の目的となる政治的実践とが明確にされなければならない。社会科学の中でも、各分野でその対象の性質を明らかにすることが必要です。現在では経済学とか法律学とか、政治学とかをやっている人たちの間で、どこで協力できるか、またどういう関連をもっているかというようなことが明確にならないまま残っているわけです。私は政治学者が経済学と同じに政治学の原理を求めるということは無理ではないかと思う。ところが、政治学者は政治学にも原理があると考えたいようです。経済学の範囲でも、財政学には原理はないんじゃないかというのが私の年来の主張なんです。純粋な財政現象というものはないというわけです。社会科学者もこういう点をはっきりさせるにしたがって、社会科学の方法もだんだんとはっきりしてくるんじゃないかと思う。これは自分で経済政策論をやりながら考えたことですが、社会科学の方法の確立ということがマルクス主義の哲学をも確立させることになるのではないでしょうか。

（『法政』、一九五九年三、四、五月号）

原理論の方法と現状分析

（聞きて）『情況』編集部

物神性と「労働力の商品化」

――今日は、大きくいって三点についてお伺いしたいと思います。第一点は、マルクス経済学の核心としての商品の物神化、貨幣の物神化など、いわゆる物神論と「資本論の体系化」、つまり「原理論」との関連について、第二点は、その点を踏まえたうえで科学とイデオロギーの関連について、第三点は、今度、先生は『経済政策論』の改訂版をお出しになりましたが、現代世界をどう分析すべきか、以上の三点に絞りましてお話を伺いたいと思います。

まず第一点の問題に入りたいと思いますが、その前にマルクス経済学の特質といったようなことから伺いたいと思いますが。

宇野　資本主義はあらゆる社会に通ずるものを持っている。いや、通ずるものをもっていながら、他とは違った特殊な形態をもっている。これがわからないとマルクス経済学はわからない。あらゆる社会に通じるものでありながら、特殊なものであるからこそこの特殊な形態を変えることができるわけです。ところが他の経済学は、この特殊なものを一般的なものとして規定しようとするし、また規定できるとしている。だから、資本主義の歴史性というものがわからない。

たとえば、経済的というのは、最小の労費で最大の効果をあげることですが、これを商品形態でやっていることを見つけたのは、マルクスが初めてではなくて、ペティでもスミスでもリカードでも皆そうしているわけです。マルクスもそれらを継いでいるわけですが、しかしアダム・スミスやリカードはそれが歴史的形態だということは明確にできなかった。マルクスは、これが歴史的形態であり、かつあらゆる社会に通ずるものだということを明確にした。この点がマルクスのエポック・メーキングな点です。

——資本主義の特殊性といいますと、一言でいうのはかなり難しいと思うのですが、どういうことですか。

宇野　全経済を商品形態をもって処理するという点です。それは労働力を商品形態としているということが軸になっている。といっても、もちろん、労賃などは資本主義以前からありますね。例えば徳川期にもあるし、それ以前からもある。しかし、一般的に日常生活に必要なものを作る労働が、労働力の商品化によってなされているというのが他とは違う点です。それが重要な点ですね。だから、労働力の商品化をなくするということが社会主義の基本的問題となる。ぼくはこれをぼくの「南無阿弥陀仏」と称している。これはぼくの友人から聞いたことだが、法然上人は『大蔵経』を四回か五回読んで――『大蔵経』といったら大変な量のものですが――「南無阿弥陀仏」を発見したということです。ぼくは『資本論』を読んで何を発見したかというと「労働力の商品化」です。

――ちょっと話がそれるかも知れませんが、一九七〇年の『思想』三月号に、先生は自分の「価値尺度論」はノーベル賞ものだという冗談をいつもいうんだ、ということをお書きになっておられますが。

宇野　如何にして尺度するかということは、物理学でも非常に難しいのではないですか。経済学の価値尺度論というのは、商品の中の一商品が商品の価値の尺度になるわけですが、それが特色といってよい。資本が自ら生産する商品によって尺度する――例えば資本が金もつくれば、米も作る、シャツも作るということになって、金も米もシャツも労働力と生産手段とでつくれるとすれば、その中の一商品が他の商品の価値を尺度するのは、資本の機能を通してできるわけです。資本が利潤率の平均化を通じて、生産をセルフ・コントロールする。その点を明らかにしたのは実はマルクスなのですが、貨幣の価値尺度論でそれを明確にしていない。ぼくはそれを明確にしたのでノーベル賞ものだというわけです。つまり、その一商品というのが、生活にはなければなくてもよい金となるわけで、それが価値の尺度だということはぼくもマルクスから教わったのですが、マルクスは金、貨幣が尺度するものになることを「価値形態論」でいっているのですけれど、その後に、悪いことに「交換過程論」というのをやっている。「交換過程論」では価値を同じくする商品が交換されることになるので、貨幣の尺度機能が価値を表現する手段になってしまう。如何にして価値を表現するかは問題でなくなる。商品と貨幣とが同格になる。実は貨幣でもって買うので尺度される。しかし単にそれだけでなく、繰り返される売買によって尺度されるのです。貨幣にしても直接にはそういう価値尺度する能力をもっているわけではない。それは資本が背後にあるというので、その関係が明らかになるわけです。

ただ貨幣は商品によっていつでも商品を買うという「特殊な地位」を与えられる。「生活にとって、なければなくてもいい、何の役にも立たない」ものが貨幣になり、商品の価値を尺度するということはなかなか面白い商品経済の秘密といってよい。これはマルクスから教わったことなのですが、ぼくはそれを一歩進めて明確にしたと思うのです。もちろん、ぼくの説くところに誤りがないとはいわない。もし誤っていれば、いつでも誰でも直してもらいたい。

――岩波新書の『資本論の経済学』(一九六九年)ではその貨幣の価値尺度ということにも関連して「貨幣は、一般的には商品に対して直接交換可能性を独占するものとして、商品経済的富を代表するものとなるわけで、本来のフェティシズムのような幻想的なものではありません。それは商品経済を永久的なものと考える幻想とともに幻想となるわけですが、しかし商品経済の社会にあっては、単にそれを礼拝すれば災を免れるというような霊力をもつのではなく、それをもっていなければ生活資料をも手に入れることができないという特殊の「霊力」をもつものになるのです」といっておられます。また、先生は、「価値形態論」あるいは「価値尺度論」でもそうだと思いますが、価値の実体を明らかにすることを避けているように思います。たとえば、岩波全書版の『経済原論』(一九六四年)では、価値形態論のところですけれど、リンネル二十ヤールは上衣一着に価する場合ですが、「勿論、この価値表現は、商品リンネルの所有者の主観的評価によるものにすぎない」が、それに「反して、上衣の所有者は、リンネルとの交換を要求してもいないのに、直ちに交換しうる地位におかれている」とされ、これが「商品経済に特有なる私的社会性」を示すものであるとされています。さらに、マルクスの全体的なまたは展開された価値形態にあたるところでは「各々の商品所有者が、それぞれ同じように任意の量の等価物商品をとって自己の商品の価値を主観的に評価し、表現するにすぎない」といっておられますが、こういった展開のしかたというものは、商品経済の自然発生的な無政府的な生産を論理的に示しているといって良いと思います。そうすると、そういった無政府性を統一するものとして貨幣があるのだと思いますが、その場合、その貨幣は、そういった無政府的関係を物象化したものであり、一種の幻想といえるのではないでしょうか。

宇野 しかし単なる幻想でないことは今もあげられた通りだが、ただそれは、労働力の商品化が行なわれて、資本の下で金を生産し、米を生産し、靴下を生産するということがないと根拠がわからない。やはり、人間の労働が対象化したものが、価値の尺度になっているということがわからない。そうしなければ物神性の根拠を明らかにすることはできない。『資本論』のように、最初から労働によって商品の価値を説いたのでは、貨幣はもちろん、商品の価値形態の等価物の性質も不明瞭になるのではないか。

――ということは、物象化の根拠は労働力の商品化によって与えられるということですか。

宇野 与えられているというのではなく、確証されるというのです。資本主義に先だつ旧社会の商品の価値が長い慣習によって決定されるというのはその反面を示しているのです。そういう商品も労働の生産物には相違ないのです。ただそこでは労働価値説の説明はできない。それには、何でも作れるという――これは梅本克己君などはそれだけではないということを強調するのだけれど——労働力商品の特殊な性格、これは他の商品にはないのですが、それが問題になる。貨幣商品にそういう力を与えているものも、あらゆる商品がその価値を労働の対象化したものとして与えられるからで、それは資本がその利潤の平均化の過程で各商品に対する資本の配分をやるということによって明確になるのです。だから、金を生産するとか、米を生産するとか、糸を生産するとかというように、資本は自分の利益になるようなものを生産すると金が尺度になる根拠の実体が明らかになるというのです。その発生も形態としては価値形態論で与えられているが、しかし実体的根拠を明らかにするのは労働力の商品化による資本の生産過程じゃないとできない。マルクスのように一クォターの小麦＝aツェントネルの鉄といったのでは、証明にならない。交換するというのでなく、どちらも資本は自由に生産するというときそれは明らかにされる。

——そこで、そのことと「科学とイデオロギー」の問題にも関連しますが、そういったことを明らかにできる地平というようなものを問題にするとすれば、どういうことになるでしょうか。

宇野　アダム・スミスも、そういったことはある程度みているのだけれど、ブルジョア社会を絶対だと思っているから、それが見えなかったわけです。マルクスの証明の方法にもこのスミスの方法のあとが残っていると思う。アダム・スミスは労働一般というのを発見した。それがために、あらゆるものが労働によって作られるということを発見した。それはしかし、マルクスも指摘したように、ときどき労働一般から退いている。これで商品の特殊性ということを発見できなかった。つまり彼は商品経済は昔からずっとあるものとしていて、商品経済からぬけ出して、商品経済をみるという立場ができていない。その立場は何で得られるかというと、ブルジョア社会を批判する社会主義イデオロギーがなくてはできない。

——そこで社会主義イデオロギーというのは、社会主義社会論とも関連すると思うのですが、例えば、塚本健氏ですが、『思想』一九六八年五月号で次のようにいっておられます。ちょっと長くなりますが引用しますと、「剰余労働の強制が資本主義社会では、「生産力、社会関係の発展にとって、またより高度の新形成のための要素の創造にとり、奴隷制や農奴制などの以前の諸形態のもとでよりも、より有利な仕方と条件のもとで」（『資本論』第三巻、八七二—八七三頁）おこなわれるが、このような傾向が、社会の一部分の人間が他の人間に剰余労働を強制することのない社会、社会主義社会をつぎの段階として予想させる。しかも、剰余労働は社会の再生産規模発展の基本因であるから、資本主義社会では、社会的発展が資本家に委ねられ、独占されており、社会主義社会ではこうした独占がなくなる。そこでは、社会の人間全部の意志で、剰余労働が処分される、つまり社会の発展が規制される。しかし、社会主義社会での剰余労働の自由処分にしても、必要労働、日労働全体との関連なしにおこなわれることはできない。人間が生存するためには、必要労働をすることが必然であり、この自然必然性の上に、剰余労働処分の自由が成りたっているにすぎない。だから剰余労働についての人間の自由と必要労働についての人間の自由とは区別して理解されなければならない。」つまりこれは、社会主義社会では、必要労働は残るが、剰余労働は自由になるというようにうけとれるのですが。

宇野　その点はちょっとぼくには確言しかねる。社会主義社会で必要労働と剰余労働をどういうふうに処理するかは、その社会体制で自主的に決定されるわけだろう。マルクスは社会主義社会では剰余労働も必要労働の内に含まれてしまうようにいっているところもある。つまり、剰余労働部分も自分のものにしながら、共同的作業に剰余労働の部分を提供することができる、というふうに解しているようにもとれる。

根本は必要労働というのが実際にどこまでをさすのかを明らかにしておかなければならない。これは商品経済で初めてわかるのだ。不景気には必要労働が縮小されて、好景気には必要労働がのびる。その繰り返しのうちに歴史的にきまってくるのではないか。つまり、明治時代の初期では必要労働がまだずっと低いのだけれど、大正・昭和となると生活水準とともにずっと変わってくる。とにかく、上がっていることは事実です。だから「窮乏化する」といってしまうといい過ぎになる。マルクスは人口法則をせっかく説いていながら、人口法則を生かすことはできなかった。

今の話とちょっとそれるが、それはどうしてかというと、一八三〇年代にイギリスの手織工はみんなつぶれてしまうのですよ。非常に悲惨な状態だったのです。それまでは織機がまだ機械化されていなくて、手織工が非常に多かったが、機械化したためにそれがつぶれてしまうのです。教区から補助をもらって生活しているような人々がいっぱいできるわけです。ここで産業予備軍ということが主題となってくるのですが、これは旧い生産方法による旧職人から新しい生産方法による近代的労働者に移るときにできる産業予備軍でしょう、簡単にいえば。その印象でいわゆる窮乏化を資本主義的蓄積の一般的法則としたのではないだろうか。

またマルクスは過剰人口のところを説くときに、せっかく相対的過剰人口をいいながら、生産方法が不断に改善されていると説いているのですが、そんなことはないですよ。不断ではない。それとは逆に、やはり好景気の時には、資本は儲かれば改善はしないというのが本当でしょう。ぼくは逆に不況期のように儲からないと改善するのが当然だと思って、それを景気循環に入れたわけです。この点は株式会社制度による金融資本の時代と違うのです。ぼくに対する反対論はこの事情を考慮しないものといってよい。それはともかく、マルクスは固定資本をそこで無視しているのですよ。これは『資本論』の一巻、三巻を先に書いて、二巻をあとから書いたためかも知らんと思うのですが……。だけど、そういういきさつがあったにしても、われわれは二巻で固定資本をちゃんと教わるわけです。あの規定は、スミス、リカードから画然と離れた規定なのでそれを無視はできない。だが、これまたあまりに重んずると岩田説のようなことになるわけだ。岩田弘君のように固定資本があるために平均利潤率はできないということはないですよ。あれを宇野理論だといわれると困るんだ、岩田説は蓄積を忘れているのではないか。資本は儲かるものの方へ資本を向けていくわけで、これはある場合には、貸付資本に向ける場合もあるし、できれば新投資にむける場合もある。だから平均利潤率は成り立つようにできている。そうでなければ価値論も剰余価値論も説けない。資本主義はそんなチャチなものではない。

——岩田さんの話は後ほど『経済政策論』の改訂版のことをお伺いするときにお話し願うとして、唯物史観と『資本論』の関係は、それではどう押さえたら良いですか。

宇野　エンゲルスが悪いのだと思うが、エンゲルスは、社会主義が科学になったといっている、入門書ですが『空想より科学へ』の中で。あれが非常に害毒を流した。マルクス主義は科学的に基礎づけられた社会主義にはなっても、科学にはならんですよ。それだから政党がいるんです。そうでしょう、科学だったら東大の研究室にいる横山正彦君にでも頼めばいい（笑）。大学の研究室が党に代わってやれることになる。

唯物史観という歴史観は、ぼくは「イデオロギー的仮説」――という言葉をこのごろ使っていますが――だと思うのです。そのイデオロギー的仮説を証明するためにマルクスは経済学を研究した。マルクスは市民社会の解剖ということをいっているけど、個々の小生産者がお互いに交換する市民社会というのでは経済学にならない。マルクスもまた、そんなものはやらなかった。資本家的商品経済の分析を、その経済を支配する法則を明らかにしようとした。唯物史観で片づけたわけではない。

ところがエンゲルスは、マルクスよりも先に一八四三年か四四年に経済学を卒業してしまっている。『経済学批判大綱』というのがそれで、資本主義社会における貧困というものは社会主義にならなければ免れないということをいって経済学を卒業してしまった。問題はそんなものじゃないのです。

――唯物史観はイデオロギー的仮説だとおっしゃったのですが、それは社会主義イデオロギーといい換えても同じだと思います。それがなければ、資本主義を原理的に把握する端緒ができないだろうと思いますが、そこのところをもう少し説明して下さい。

宇野 それは、商品経済社会を永久的なものとみないことだ。その発生があり、消滅があるということを認めて、新しいイデオロギーをもつわけです。それが資本主義という歴史的社会を歴史的社会としてみることを可能にするのです。

これは、マルクスが法律学をやっていたのが重要な役割をしたと思います。法律的イデオロギーというのは、ブルジョア社会の基本的イデオロギーです。しかし法律によって売買関係が行なわれるわけではない。金を渡して物を買うという経済的行為を何か法律的には法律的イデオロギーで行なわれると思うのは、交通規則で車が走ると思うのと同じに見当違いだ。法律的イデオロギーは、経済的過程とは分離されたそれ自身の論理を持っているわけですが、それは経済過程のように自立的に動くものではない。マルクスは、法律その他のイデオロギーの基礎を問題にし、経済的基礎が変わればイデオロギーも変わるという関係にあることを明らかにするために経済学をやった。

ところがマルクスは、生産力が増進すると生産関係が破れて新しい生産関係に変わるということを、イデオロギー的仮説としての出発点として経済学的研究をやっただけでなく、それを経済学の中に持ちこんでしまった。それがために、『資本論』第一巻の終わりの有名な歴史的傾向ということを説くことに——ぼくはほとんど全文をあげて批評したけれど——なってしまった。あれは商品経済史観であって、唯物史観じゃない。ところが百年の間、社会主義者の誰一人それを問題にしないのですね。これはおかしいことと思うが、マルクスが余りに偉かったからだろう。唯物史観でありながら生産力、生産関係をいわないで、生産方法あるいは生産様式という。しかも同じ節でこの生産様式がある時は生産力になり、ある時は生産関係になっている。この生産様式が爆破されるなどといったりする時に、あれが何を意味しているかということをマルクス経済学者も考えないのですね、みんな。商品経済を対象とする経済学ではこれは説けないのです。説こうとすると、経済学が商品経済を対象とするかぎり商品経済史観になるのは当然でしょう。唯物史観では、例えば封建社会が資本主義社会に変わるというようなことが問題になる。マルクスはそれをやらなかったのではないが、それは経済学の前提になるものとして、『資本論』でも第一巻の最後になって「原始的蓄積」として説いている。だが、あれは経済学ではない。なにか社会主義者として言わずにいられなかったのでしょう。恐慌ならばともかく、革命がああいう必然性でもって、ある「一点」でおこるということはないとぼくは思う。

また、『資本論』でマルクスは、例えば労働日でも賃銀論でも、階級闘争として論じようとするんだが、労働力商品化が前提されると階級闘争は背後にかくれるのです。なぜなら商品の売買なんだから、外形的には階級がないわけです。それをマルクスは何か階級闘争というのを言わずにいられなかったのではないかと思うが、『共産党宣言』と同じように階級闘争の歴史として解明しようとする傾向が強い。例えば絶対的剰余価値の問題とか、相対的剰余価値の問題でもみな階級闘争のように解されてしまう。しかし、それがかえって社会主義を誤まることになるのではないか。少なくとも資本主義社会が最後の階級社会だという意味は、階級関係が外形的にあらわれないで、科学としての経済学ではじめて明らかにされるということにある、という点が不明確になる。その点が明確でないと、次の社会も階級社会になる。もう資本主義のような外に出ない階級社会というのは階級社会の極限として、あとは階級のない社会よりほかないのではないか。マルクスのいわゆる最後の階級社会という意味もそれでこそ生きてくる。

——ということになりますと、先生の「労働力の商品化」ということは、売買契約にもとづくところのブルジョア的外皮そのものだということになると思うのですが、どうでしょう。労働力なる商品というものがあたかも存在しているかのようにみえるのは、ブルジョア的擬制であって、「実は」という視点が、ぼくは社会主義イデオロギーなり、唯物史観じゃないかというように理解しているのですが。そして、そういった視点を、先生の原理論体系のなかに読みこむべきではないのかと思いますが。

宇野　労働力の商品化はたしかに無理だが、これを擬制というのはまったく見当違いだ。それならば何も経済学を研究する必要はない。ぼくは経済原論で資本主義の階級関係を明らかにしてこそ、旧社会の階級関係の実体が明らかになると思う。剰余労働の搾取関係が、例えば封建的関係では明確にはならない。イデオロギーが政治的・軍事的権力となっているので、それは当然の年貢と考えられる。経済学で法律的に何ら不当なことをしなくても階級関係があることが明らかにされると、逆に封建的関係の実体も明らかになる。同様に、資本主義社会で例えば独占的権力の不当を攻撃していると、本来の階級的基礎は不明瞭になり、忘れられて、そういう不当さえ除けばよいようにも思いかねない。

——そのことと関連するのですが、近代合理主義ということが最近批判の対象になっており、宇野理論も近代合理主義だということをいう人もいるのですが……。

宇野　それは、さっきもいったように、資本主義が近代合理主義なのだ。そして、その資本主義をぼくが理想としていれば、近代合理主義者だが、そうじゃない。アダム・スミスやなんかは、資本主義を理想化していた。だからあれはブルジョア・イデオロギーを脱けえなかったのではないか。資本主義を科学的に分析して歴史的形態として原理的に規定したのが、社会主義者のマルクスだった。それだからといって、マルクスをいわゆる合理主義者とはいわないだろう。

もっともマルクスは、ぼくと違って政治運動をやっているし、早くから社会主義者になっているから、そういうことはいわれないと思うが、ぼくのように社会主義運動をやらないで、資本主義社会の極めて合理的な体系——それには実は抜け穴があるのだが、そしてその点はぼくも労働力の商品化として明らかにしているが、それはともかく、その理論体系を明らかにすることを仕事にしていると、合理主義者といわれても何ともないです。ただ合理主義者として何をしているか、その点を考えてもらわなければならない。ぼくは自分の限度を知ってやっている。政治運動をやらないのは反動だときめつけても、経済学の理論を正しくやればそんなことは無意味なことだと思う。ぼくの理論に誤りがあれば正してもらうほかはない。

科学とイデオロギーについて

――宇野先生の場合、イデオロギーから科学を解放するという――その場合のイデオロギーはスターリン主義（日本共産党も含めて）ですが――モーメントがかなり強かったと思います。それに対して今の、というより六〇年ブントが典型ですが、新左翼といわれる部分は、先生とは逆の方向から先生を読みこんだ。つまり、実践というのは何も全部が全部、科学的に規定を与えられるものじゃないのだ。科学的社会主義の党といっても、絶対に誤まることなき党などというのはおかしい。むしろ実践というのは、どうして革命を起こすかであって、そのことは科学とは関係ないのだ。そこから出発しなければいけないということになったわけなのですが。

宇野　それは少しいいすぎですね。やっぱり相手があるのだから。相手がある以上、相手がどう動くか、自分の味方になるものはどういうものか、どういう時期にその味方を自分の側につけることができるか。これは科学的に現状分析でやれるし、やらなければいけないことです。

——それはそうです。そういう意味で実践の領域というものを広く解放して、もちろんそういった科学の前提をふまえた上でやろうと、六〇年ブントはしたと思うんです。

宇野　代々木のシンパらしい連中は、全学連みたいな鬼っ子を生み出し、党を破壊させている責任が、ぼくにもあるみたいなことをいう。しかし、本当に責任のあるのはぼくじゃなくて、科学とイデオロギーの関係に無自覚だった連中でしょう。ぼくは正しいことをいったまでで……。

——それはそうでしょう。もちろん、宇野先生は責任がないとおっしゃるでしょうが、宇野理論を科学とイデオロギーの分離にしても、現状分析の方法としても取り入れたというのは事実です。

宇野　科学とイデオロギーということだが、アインシュタインが、今度生まれる時にはレンガ積工になりたいといったということを聞いたのですが、ぼくはこれはおかしいと思う。やはりアインシュタインは科学者としては、原子物理学の研究をやってもいいんですよ。

それがたとえ軍によって原子爆弾に応用されたとしてもです。もちろん、だからといってぼくの経済学の原理が、社会主義なり人類の幸福に役に立たなくてもよいということをいっているのではありません。いや、それがないといったら嘘ですよ。筋の通った経済学の原理は、社会主義に役立つものとしてマルクスもやったことだし、ぼくにしても経済学をやっているものとしてはそれは否定できないことです。

――そこで、宇野理論をそういった形で踏まえた運動はもう一度逆転して、大学闘争になったと思うのです。つまり自分たちの実践が――もちろん科学を前提にしてですが――科学から解放されて独立したわけですが、逆にその実践という独立したところから科学をみた。これが東大闘争じゃないかと思うのです。その中でいわれてきたことに、学問の問題としては〝良い学問と悪い学問なんてことはないのじゃないか〟ということがあります。

宇野　それはどういうことですか。人道に反することと反しないことということという意味ですか。

――そういうことです。例えば、日本共産党が〝平和のための学問と平和のためじゃない学問〟という分け方をしたわけですが、全共闘は〝そんなものはない。あるのは学問だ。問題は学問それ自身が現在のエスタブリッシュメント機構でもって、資本主義的に再生産されていく、というところなのだ。だからそのなかにいる科学者というものは、学問が体制に利用されることに対して抵抗をする義務がある。それをしなければ学問は駄目になってしまうのじゃないか〟という問題提起をしました。

宇野　それでは日本共産党と同じことではないですか。悪い政治から離れることをどうやってやるか、それが問題ですね。科学者としては、悪い政治も悪い政治として事実を認め、どうしてそれがそうなっているかということをみきわめる他はない。法律でもそうですよ。美濃部亮吉君のお父さん（美濃部達吉）のように天皇機関説を説くのは、あれは実践的ではあっても学問とは思えない。もっと客観的に法律的規定とその変動とを明らかにしなければならないとぼくは思う。それには経済学の原理だけでなくて段階論や現状分析とも関連した社会科学的研究が必要だと思う。明治の学問はそこまでゆかなかった。経済学も法律学も政治学もそうだと思う。

法律学者はみんな法律学者として実践的なんです。反動的主張が出るのは当然のことと思う。世間もそれを学問の争いと思っていたようです。これに反して科学を科学として守ろうとするときに、平和のためとか反戦のためとかいうことはいえないし、またよくない。マルクスだってそのことを示している——とぼくは思う。ぼくにしても人間としては、反戦の方が正しいとは思う。しかし政治がある、戦争があるという事実は、事実として認めなくちゃいけない。なぜ起こるかということをやるわけです。そこを反戦という立場から帝国主義を論じなければならぬなんていうことはあり得ない。

——それはそうでしょう。しかしひるがえって、学問というものを考える時、すべての人は職業人としての学者なり、専門家なり、技術者なり、あるいは資本家なり、ブルーカラーなり、ホワイトカラーなりとして生きているわけですが、そういった人々に、〝なぜあなたはそうせざるをえないのか〟といった意味を問うということ、つまり、没意味的状況そのものに対して意味を問うことが学問の出発点なのではないかと思うのです。そういった意味で『資本論』の視点というものは、今度の全共闘が提出した意味の問いかけと共通するものがあるように思うのですが。

宇野 マルクスにしても経済学をやる動機はそうでしょう。ぼくの場合はちょっと違う。もうすでにいろいろの社会科学的研究が出ていて、それを知りたいということが第一だったのですね。君がたはぼくたちと違って、もう真理がスッカリわかったと思ったのではないか。今さきいっていた良い学問と悪い学問という区別は、例えば資本がその学問の真理を利用できるかどうかという程度の区別ですか。社会科学ではそれができないのです。社会主義運動だけが変革の対象を知り、変革の主体を知るという経済学の真理を利用できるのです。利用するということがイデオロギーの領域の問題です。

それにしても労働力の商品化をアウフヘーベンするということが重要な目標だということが、今、社会主義国ではよくわかっていないのじゃないかな。これは先にイデオロギーがあって、科学的研究がないからだと思うのです。労働力の商品化をアウフヘーベンしなければ資本主義を本当に変革できない、もちろんその過程にいろいろあるけれども。つまり資本主義が原始的蓄積をやらなくても、自分の労働力を自分で補給するようになる、労働力を商品化するようになるのは一八世紀末ですね。この間二世紀以上かかっているわけです。だから、そういう期間は社会主義体制にもあるとぼくは思う。しかし、それが資本主義の場合には、資本家も商人もどういう歴史的意味をもつのか知らないでやってきたわけです。ある程度いった時にアダム・スミスのような経済学者がでてくるわけだけれども、これも完全にブルジョア・イデオロギーのなかに入っているわけです。

マルクスがそれを批判した時には、社会主義的にこれは歴史の過程の一つの現われに過ぎないということで、経済学が理論的に完成した形になるわけです。けっして完成した資本主義ができるわけじゃない。ぼくが完成した資本主義を想定するということを、マルクスの学説の方法に反するように横山正彦君など言っているけれど、そんなことはないですよ。ぼくはもう幾度も指摘してきているが、『資本論』でも経済学の理論がどういうふうにして展開されなければならぬかを示している。例えば地代論の緒論を見るがよい。

マルクスだってそうしなければ価値論も剰余価値論も、資本蓄積論も、人口法則も説けない。全体のシステムが原理的に説けるということは経済学が初めてのことじゃないですか。横山君はマルクスの経済理論を意識的に利用して経済政策を樹てうるようにいっているが、いうだけで内容は何もいっていない。ぼくはこういうのを教条主義と考えているが、大学改革を主張する諸君は、こういうのを〝良い学問〟でも〝悪い学問〟でもないとするだろうか。この問題は暴力で決定されるものでもなければ、多数決で決定されるものでもない。また資本主義体制に利用されるものか否かとしても決定されない。ぼくの主張が誤っていればその誤りを正したらよい。横山君のように〝マルクスの観点とは全く異なっている〟といっていればすむと考えることではすまない。大学問題はむしろこういうところに始まるのではないか。

過渡期としての世界と現状分析

——こんど先生は『経済政策論』の改訂版をお出しになったわけですが、新しく補記を加えられ、その補記の中で、第一次大戦以降の「資本主義の発展が段階論的規定をなすのに如何なる程度にまで役立てられるかは極めて興味ある、重要な問題であるが、疑問として残しておきたい」という注をはずして、「むしろ現状分析としての世界経済論の課題をなす」とされていますが、いままで断定をためらっておられた理由はどういうことですか。

宇野　その理由というのは、現在の植民地解放と、それから社会主義国が沢山できて、それが資本主義国と戦争するということにまでなってきたという事実によるのです。ここまでくれば、これはもう資本主義の時代だといえないじゃないか、つまり段階論として区別しなければならないような問題じゃないんじゃないかということです。

——そこのところをもう少し説明して下さい。

宇野 段階論ではないということだよ。つまり、過渡期に段階があるかな。たとえば、海のかなたでは資本主義で、こっち側は、まだ中世期だというときに、どっちの段階論をやるのかということだ。イギリスの資本主義の初期を段階論としてとるのか、それともフランスの封建社会を段階論としてとるべきか。ぼくはフランスはいらんと思う。フランスをやった重商主義論は大抵失敗ですよ。どうしてかというと、直接にはその重商主義から資本主義はでてこないのだ。むしろイギリスから教えられて資本主義化したわけです。

だから今は社会主義国が資本主義国からは技術を輸入すればいいので、資本主義のやり方、例えば利潤論・利子論は直接に利用する必要はないんですよ。問題はこれをどういうやり方で変えてゆくか、資本主義のやり方にかわる新しい方法を発見し、確立してゆくことでしょう。つまり労働力の商品化を廃止したのちにどうやって生産を調整するのか。これはレニンも心配していろいろ論じているが、これは正しいと思う。だがソ連では何かドイツ革命が起こってくれればすべてが解決すると考えていたようだが、あれはまずかった。

革命というのは、大抵おくれた国でやれるものですよ。その点、日本ではなかなか難しいんじゃないか。日本でも周囲が社会主義経済を段々と確立してくれば、社会主義的変革をやらざるをえないでしょうね。

——国家独占資本主義なるものに関しても新しい見解を出されていますね。

宇野　それの代表的理論はツィーシャンクが主としていっているのですが、まず独占資本の規定がはっきりしていないんじゃないかな。独占資本というのは、金融資本に独占的な組織ができるだけなんですよ。だから本当をいうと、独占資本というのは段階論的な規定じゃないのですよ。独占資本という言葉をみんながなぜ使うかというと、資本主義が〝悪い〟のだということを言いたいために使っているのだろうが、それでは独占でなければいいのかということになるでしょう。だから独占資本という概念はあまり良くない。そうではなくて、大内力君は管理通貨ということをいっているが、正しいと思う。しかし管理通貨というのは金融資本の政策かどうかよくわからない。そこがまだはっきりしない点だ。

——大内さんは、管理通貨制を社会主義に対抗するための恐慌の防止策みたいなものとして説明されているように受けとっているのですが。

宇野　そうかもしれない。ぼくが読んだ範囲ではそこの点は恐慌の方に重きを置きすぎていますね。恐慌回避の策として、恐慌回避になるのかもしれないけれど、あれがどういう資本の政策かということは、はっきりしていない。金融資本という言葉をあげているが、金融資本の政策だといえるかどうかぼくには明確でなかった。むしろ例えば道路を作ったり、公団を作ったり、そういうことに使われる管理通貨によるインフレーションが問題になるのではないか。これはしかし大部分は一国でやっているのではなく、アメリカを中心とした資本主義と社会主義の対抗、戦争という世界経済の中でやっている。

——それでは、第一次大戦後の資本主義を分析する場合の軸は何だということになりますか。

宇野 金融資本が自分の地位を国家へ譲るという型でしょうね。それが管理通貨じゃないかな。だからといって、管理通貨は国家が支配しているかというと、そうとばかりはいえない。やっぱり金融資本があるわけですから。しかし、金融資本は管理通貨を直接に自分で規制することはできない。アメリカが金利を下げたから下げましょうということを、むしろ政府で決定しているのではないですか。まあ、これも金融資本と関連するかもしれないけれど、本来の金融資本の問題じゃないですね。管理通貨というのは、一つの過渡的な資本主義の政策でしょう。さきに話した価値尺度の骨髄を抜いたようなものになっている。

——軸というのは、金融資本と国家との関連の分析ということになりますね。つまりそこで管理通貨をどう位置づけるかということが、理論的課題の軸になるということですね。

宇野 そうです。ただし大内君の恐慌回避策というのは少しいいすぎではないかね。というのは、金融資本の時代では、すでに恐慌の周期はみだれてきているのですよ。

――恐慌を労働力価格の上昇に求めたのは、先生の原理的把握ですね。

宇野 ええ。

――それをいきなり、管理通貨制にあてはめて労働力の価格を人為的に下げ、恐慌をなしくずし的に回避できるのだといってしまうのはおかしいのではないかと思うのですが。

宇野 それには少し道具立てが大きすぎるのではないかね。

――段階論としての帝国主義論をふまえないで、いきなりポンと原理論に戻ってしまっている。

宇野 帝国主義時代に恐慌現象がみだれてきたということをもっとはっきりさせなければいけない。

――そういったこととの関連で管理通貨制を出していくべきだと思うのですが、どうですか。

宇野 そうですね。ぼくはナチスと管理通貨制の問題との関連をみるべきではないかと思う。ナチスは金融制度を極度に利用してやったのではないでしょうか。ナチスの金融は手品の金融だと、戦争中によくいっていたが、余り研究していないので、何ともいえない。

これはしかし重大な点でしょう。

現在の日本のインフレーションの問題も、アメリカが戦争をやっているということに非常に影響されているのではないか。日本から商品を大量に買ってくれていることと関連していると思う。そしてその結果、外貨保有高が大きくなったということで政府は強くなる。ヒトラーはもっと強いけれど、そのヒトラーを思わせるほど強くなる。もっとも、ドイツの場合は戦争に敗けて戦債を払えなかった。これは払わなかったのではなくて、払えなかったのです。つまり、ドイツの商品が英仏に流入すると、英仏の帝国主義が困るわけで、ドイツの商品を買わないようにしたんです。そうすると、アメリカからの借金が返せないわけです。だから、アメリカが逆にドイツに資金を貸してやるということになったわけです。それをヒトラーが利用したのだと思うが、これは自分の狭い知識によるのでもっと研究しなければならぬことと思っている。

今の管理通貨制だが、これはそういった戦争中の管理通貨がつづいているように思える。だが、その点がはっきりしないので、いま若い人たちに研究してもらっているのです。ぼくはもう年をとって勉強できないから、なんともいえんので、両大戦間の帝国主義の研究をやってもらっているのです。大体、第二次大戦というのは社会主義の国が入って帝国主義戦争をやるという、ちょっと理解しかねるおもしろい戦争ですよね。

――つまり、金融資本のもっている権力といったようなものを国家が全面的に吸い上げてしまうのが、ナチス経済ってことなのでしょうか。

宇野 金融資本にもそういう性格があるのですが、〝おまかせ下さい〟というのがそれでしょう。これはアメリカで支配人革命といわれているものがやはりそれでしょうが、これはいい過ぎでしょう。

――いい過ぎですか。

宇野 そうはならんです。やはり所有権がものをいう。会社の所有権をもっている資本家が支配人を使う、つまり番頭政治でしょう。ところが、その極点がナチスになる傾向があるわけです。

――自己金融というのがありますね。

宇野 時期によっては、日本の財閥はみな自己金融しているんです。しかし資本としてはこれは不経済なことですよ。他人の資金を集めて自分の資本のように利用する方がずっと有利なわけです。しかし自己金融というのは必ずある程度はある。そしてそれが非常に重要なのは、これも〝おまかせ下さい〟と同じで、自己金融していれば誰の所有でもない株式会社の所有の資本になる。そうすると所有者はいないわけで番頭がそれを支配することになり、それが完全にできればナチスになるわけです。

マルクスにもちょっとそういう考えがある。サン・シモンにもあるらしいですね――ぼくはサン・シモンは知らないけれど――。例えばクレディ・モビリエという銀行が失敗している。あれは資金を集め、自分で株券を買う――これはまあ今の信託銀行ですね――、それが一会社で一国を対象にして資本を配分するわけですね。自分は何も持っていなくて良い、つまり〝おまかせ下さい〟というわけです。これは番頭政治になる。ナチスに似た傾向をもっているのです。総動員法ですよ。これには議会はいらない。

――アメリカではどうですか。

宇野　アメリカではむしろ少数株支配というのが非常に大きい。これはバーリとミーンズというのが研究しているのだけれど、それを真似て社会学者が支配人革命ということをいったのです。

スタンダード・オイルでもちょっとそういったことがあった。ぼくの知っているのは古い話で一九二四年頃のことだけれど、社長と支配人が対立して、株主から支配人が委任状をとって社長に対抗した。結局、支配人が負けましたけれど。そういう傾向はでてくるけれど、それは不経済なやり方だとぼくは思う。だからナチス的傾向は金融資本にはあるということはいってよいが、それだけのことです。要因としてはあるけれども、全面的にそうだとはいえない。北大の中村通義君なんかはこのことに非常な重きを置いているんですが、ぼくはそれは行き過ぎじゃないかっていったんです。

——さっきもお話がでていましたが、岩田弘さんの『世界資本主義』についてはどう考えられますか。

宇野　世界経済論くらいにした方がいいのじゃないかな。だって世界資本主義というのはどこにあるのかわからないですよ。大西洋の真ん中にでもあるように聞える。そのあるところが実際わからんですよ。今ではブラジルへ行ったり、いろんなところへいくのが、ちょうど今の九州や東北からの出稼ぎのように行なわれる距離になってしまったから労働力も移動するようになるかも知れない。資本はもちろん移動するけど、資本の移動もある程度チェックしようとしているでしょう、何割以上の株を持ったらいかんとかいって。それは国家的政策からくるんでしょうが、資本は国家的背景をもちたがる。むしろイギリスの自由主義時代の方はそうじゃないです。イギリスは阿片問題では中国と、そのほか、インドやトルコなどで戦争をしていますが、遠くでやる。そして割合少ない。帝国主義時代になると世界戦争になるわけだ。

だから、岩田君の世界資本主義というのは、世界が一国になって税金をとるとか、世界中央銀行ができて世界銀行券を出すようになれば別だが、これはカウツキー的アイデアだね。もっともそんな世界ができる前に社会主義になるのではないか。

それから岩田君は帝国主義論が『資本論』につづくとばかり思いこんでいる。それはどうしてかというと、平均利潤率というのが前にも触れたけど、固定資本があるために形成できないと岩田君はいうわけで、それが株式の利廻りの平均化という型ではじめてできるのだというふうにして、『資本論』と帝国主義論を結びつけようとしている。しかし、そうじゃないんだ、株式会社というのは。妙なものも株主になるでしょう。本来、資本家じゃない、メーデーに出るような人が株を持つ。これは本来の変革の対象ではあっても、その主体ではない。だから世界資本主義というのは、方法的にいえば帝国主義を認めないことになるんじゃないかな。

だが、岩田君もここのところちょっと変わったのではないかね。この間、『マルクス経済学』という本を二冊送ってくれたけど、あれは少し緩和しているようだね、前の『世界資本主義』に比べると。前の『世界資本主義』を持ってきたとき、〝こんな馬鹿なものを書くものがあるか〟っていってやったら、〝いや、私なんか先生の手のひらで踊っているようなものです〟なんて、うまいことといっていたけどね。

——岩田さんの場合は歴史と論理が一体化しているということが特徴でしょうが。

宇野　ギリシャでもローマでもカルタゴでも、商品、貨幣、資本はある。だがそこには産業資本はない。産業資本の時代に入ったときに資本は歴史をつかむ。だから、発生史からいえば、商品―貨幣―資本といっていいのだけれど、これは進化論的発生史だね。資本主義は封建社会から出る。これが歴史だ。理論がそういう歴史と対応するかね。

ぼくもはじめは、この関係をくっつけたくてしょうがなかった。だから、ぼくの古い論文には、そういうものがあるかも知れないので、大きなことはいえないのだが、科学的研究というのは宗教じゃないので、悟りを開いてしまえば全部わかるというものじゃないんだね。だから、以前にこう考えていても、後で考えると間違っていたということがしばしばある。ぼくもはじめは、生産力が増進するということが商品から貨幣を生み、貨幣が資本を生むというふうに考えていた時代もあるんです。しかし、そうは簡単にはいえない。

これに関して面白いことには、マルクスは資本のところで、資本の近代史が一六世紀に始まるということをいっている。商品のところにも、貨幣のところにも、こういったことはいってはいない。資本のところではじめてでてくる。ぼくはこれは非常に重要な点だと思う。どうして一六世紀から資本の近代史が始まるかといえば、商人、金貸、産業の三つの資本が、一六世紀になってはじめて社会の基礎をつかむことになるわけで、ぼくは一六世紀が資本の近代史の始まりだということをかみしめなければいけないと思っている。

――先ほど中国やソ連などの社会主義国が、理論的には労働力商品の止揚ということをはっきりさせていないのがおかしいといわれたのですが、一方、中国やソ連は実体としては社会主義だともいわれていますが、それはどういうことでしょうか。

宇野　やはり科学的社会主義が徹底していないということです。それはそうでしょう、明治維新やブルジョア革命というのはみんな理論なしにやっているのだから。理論がなかったら革命はできないなんてことはいえない。例えばカール・リープクネヒトという人はローザ・ルクセンブルクと一緒によくいわれた人ですが、経済学は全然だめで、あれはマルクス経済学じゃないですよ。だから、そういう変革の過程ではいろんな人がでてきていいんです。それを統一するまでにいろいろ血のにじむような苦労をするわけです。それが今のチェコ問題になったり、ポーランド問題として出てきたりするわけです。

また資本主義にしても、その原始的蓄積の時期から、資本主義の完成ともいってよい自由主義までの間は二世紀もかかっているのですから、新しい体制が完成するまでには相当の年月がいるでしょう。社会主義はせっかく変革の対象と主体を明らかにする理論をもっているのだから、もう少し早くできてもよいとは思うが。

――そうすると、ソ連、中国の両方とも社会主義の形はしているといって良いのですか。

宇野　そうですね。資本家と地主とを追放しているのですから。あの中で資本家ができているとしてもしれたものでしょう。それと、さっきの管理通貨制についての議論とも関連しますが、ソ連や中国も一種の管理通貨制だろうと思うが、金融資本というものがないという点は大きな違いでしょうね。

ぼくは、もう十年は生きたいと思っているが、それでも本当の社会主義を見ることはできないだろう。政治運動は人の問題だから難しいので、若いときから社会主義運動はやろうとは思わなかったが、社会主義の主張は大体正しいと思っていたのは本当だ。それは人間が自分でつくったものに支配される社会からの解放を求めるというのですから、人間として当然の望みでしょう。

（『情況』、一九七一年五月号）

国家独占資本主義をめぐって――『経済政策論』の方法と課題――

（聞きて）日本読書新聞編集部

帝国主義と資本論の純化

――このたび『経済政策論』（弘文堂、一九五四年初版）を十八年ぶりに改訂されましたが、その動機・内容について。

宇野　旧版のでは、講義なんかに使ってみて、自分で書きながら自分にもよくわからんようなことも書いているので、そんなところを直したいと思っていた。出版書店でも書き直してほしいということは前からいっていたのだが、たいして変わっていない。序論のところを少し直した、というか、書き加えたわけね。ぼくは政策論は段階論として典型的なものをあげるので、マックス・ウェーバーと同じじゃないかとよくいわれてきたが、そうでないことを少し書き加えたつもりだ。ウェーバーは経済史家では大家だろうが、経済学の原理はないんだ。原理がないから、資本とか市場とかいうのでも、いわゆる類型にして、昔からあるものを集めてみて、その中から自分の頭の中で作る方法をとることになる。それでは原理にならない。『資本論』のやり方は、それと全く違うとぼくは理解している。もっと純粋に貨幣とか資本とかを取り出してきて、概念的に展開していくんだと思う。ただ、マルクスは帝国主義を知らないから、経済学の原理として必ずしも意識していなかったかもしれない。マルクスはドイツ人だから、イギリス人なんかと違って、歴史をよく勉強しているし、実際、歴史学派の影響なんかも受けている感がある。それで原理をやるものだから、原理は原理でも、ずっと深いものになる。

それと、これは前の版にも書いたが、ウェーバーは、当時の哲学の影響があるのだろうと思うけれど、唯物史観の批判でもってマルクスを片づけようとするんだね。ところが、唯物史観は社会主義のイデオロギーによる仮説とでもいうべきものであって、まだ科学ではないから、マルクス自身も経済学へ進んだわけだ。そこのところが、ウェーバーにはわからないらしい。これは日本の、いや、世界のマルクス主義者にもいえると思うのだけれどね。エンゲルスが唯物史観と剰余価値の理論で社会主義は科学になったといっているから、そのせいかも知らんけれど、マルクス主義は、やはり社会主義としてはイデオロギーですよ。よく、マルクス主義経済学などという人がいますが、それでは科学的社会主義の科学にはならないんですよ。マルクス自身もそこのところははっきりしないんだが、それはさっきもいったように、帝国主義を知らないからね。ぼくらはレニンやヒルファディングに教わって、帝国主義を知っているでしょう。だから『資本論』と帝国主義がどういう関係にあるか、ということも考えなくちゃならない。つまり、帝国主義を知っているということは、『資本論』を原理として考えるには一番いいんですよ。『資本論』と帝国主義の関係についてのぼくの考えは、経済政策論をやっていくうちに、いまのようなものに落ちついたと考えていいでしょうね。

――改訂版では帝国主義段階の叙述が多いようですが。

宇野 それは旧版でも同じだけどね。戦前に自由主義段階までのを出したんだが、帝国主義段階のをつづいて出す予定が延び延びになって、結局、戦後一冊にまとめるとき、自由主義段階までを簡単にして、帝国主義段階を多くしたわけだ。それと、なによりも、帝国主義は現代の問題だからね。ぼくもわりあい詳しく展開したつもりです。

――すると、改訂した部分も帝国主義段階が一番多い……。

宇野 いや、必ずしもそうではない。

国家独占資本主義の指標

――旧版にはなかった補記「第一次大戦後の資本主義の発展について」がありますが。

宇野　はじめは補論として、いわゆる国家独占資本主義論を書くつもりだったんだが……。それで、それに関連するものを少し読んだんですよ。代表者とされるのは東独のツィーシャンクですかね。しかし、どういうのか、やっぱり『資本論』をどのくらい勉強しているかわからない。『金融資本論』もどれだけ勉強しているかわからない。レニンを……（笑）どれだけ勉強しているかもわからない。

まあ、ツィーシャンクについては大内力君がわりあい詳しく、何べんも書いているのですが、それは、ぼくはなかなかいいと思う。ただひとつはっきりしないのは、大内君は、金本位制を離れた管理通貨制が国家独占資本主義の指標だ、といっているんだが、それが果して金融資本の政策かどうかという点ですね。どうもそこがはっきりしない。

大内君は、それと、管理通貨制というのは社会主義に対抗した政策だ、ともいっている。これは、ぼくは、いいと思う。むしろ、国家独占主義という場合、こちらの方が重要なのではないですか。つまり、社会主義に対抗するとすれば、いろいろな政策がある、アメリカでも日本でも。そして、その共通の性格は何かといえば、それが、管理通貨制によるインフレーションだ、といってもいいかもしれない。

そうすると、そのインフレーションは、どういうものかということが問題になる。これは非常に複雑だが……、インフレをやると物価が上がるね、賃銀は毎年、春、秋と上げなくちゃならない、すると、物価は賃銀引上げによって上がるんだ、などという説も出てくるんですよ。どっちがどっちということのない関係なのじゃないか。これはむしろ背後に戦争があるのじゃないかな。

——インフレで経済的な関係があいまいになる、そしてその背後には社会主義に対抗する戦争がある、ということですか。

宇野　そうです。それと戦争の問題とは別に、なぜ管理通貨制でインフレになるかというと、通貨は本質的には管理できないんですよ、どの国も。以前、宮沢通産大臣が〝金色の金属には支配されない〟なんかいったとき、「経済学と「人類の英知」」(『図書』一九六八年六月号)という随筆を書いたことがあるんだけどね。やはり、金ですよ。あれはえらい力をもっていますね。だから、一国では紙切れに頼ることはできても、他国との関係では、為替関係ではそうはいかない。まあ、世界通貨でもできれば、あるいは世界資本主義というのがあればいいんでしょうがね。そうはいかないよ。したがって、管理通貨制というのは、商品を特殊な商品によってコントロールするという原理——資本主義の原理を自分で捨てたようなことになる。本当の没落でしょうかね。

——捨てきれるものではないが、捨てざるをえない……。

宇野　捨てざるをえないんでしょう、国家としては。歴史的には両大戦間ですね。日本でもイギリスでも、国際的な貿易・為替関係を維持できないまま、復帰して、すぐ捨てちゃう。

恐慌と戦争

——いまの点に関連して、大内さんの場合は恐慌の問題が出てきますが。

宇野 あれ、少し考えすぎじゃないかな。一九二九年とそれにつづく数年、たいへんな恐慌に見舞われたものだから、政治家や経済学者が、管理通貨制で対応しようとしたのだと思うけれど、よくわからない。ぼくは、やはり社会主義と資本主義との対抗からくる資本主義国家の一つの方策だと思う。つまり、戦争をやる方策ね。

——恐慌対策より、戦争対策……。

宇野 まあ、戦争の問題だと思うけどね。

——戦争とインフレの問題についてもう少し……。

宇野 インフレになって物価が上がる。そうすると労働者も学者も公務員も重役まで、みな俸給を上げてもらう。みな職員になってしまう。メーデーなんかでも社会主義的というよりも、非常に市民的ですね。政党もそうなって、組合も市民的なのが多いのではないですか。つまり、賃銀と物価のメカニズムが変わってきて、その間の関係が複雑になるわけね……。まあ、物価の上昇率と賃銀の上昇率の差の問題になるんでしょう、実質的には。

そして、その差は戦争をやっている国と助けている国とでは違う。戦争を軸にしていろいろ違ってくるわけね。日本なんかはアメリカが戦争してくれれば景気がいい、ということになる。高度成長なんかもそれと非常に関係があると思うんだけど……。そしてそのインフレは労働者を動員はしますね。動員はするけど、それが先ほどの恐慌対策かどうかは疑問だね……。

日本の場合は、アメリカが戦争やって、そのアメリカに商品を売りつけて外貨をふやす。そして労働組合もインフレで賃上げできれば恩恵を受けたようにみえるから、戦争に反対するとしても、そういう景気が出なくなる——それを覚悟でやらなければならぬ、ということになる。反戦運動なんかも難しくなってきますね。

両大戦間研究の意義——現状分析の課題——

——第一次大戦後の資本主義の歴史的規定について……。
宇野　世界史的には社会主義の初期といっていいでしょうね。ちょうど一七世紀のヨーロッパでは、イギリスだけが資本主義国なのに、世界史的には資本主義の第一段階といえるように。

——改訂版では、第一次大戦以後は現状分析の課題、と断定しておられますが。

宇野 そうね。もうそう決めたの（笑）。第一次大戦後は社会主義の出現とともに、大きな資本主義国がたくさん並ぶことになるから、大戦前のように、イギリスとドイツで代表させるというわけにはいかなくなる。もっとも大戦後はアメリカが中心になるが、資本形態についていえば特別に金融資本と異なったような形態をもっているとはいえない。

——そうすると、大戦後のアメリカと大戦前のドイツ・イギリスとの違いは……。

宇野 大戦後のアメリカの場合は、典型的な資本形態のみを展開しているとはいえないんじゃないかな。大戦前には、ドイツにしてもイギリスにしても、これに追随したアメリカにしても、金融資本的な性質をずっともっているね。つまり、ドイツを代表者とする方では、株式制度を基礎にして銀行と株式会社との関係、イギリスでは海外投資というように、そういうものを典型として規定できた。そこにいわゆる帝国主義的な諸政策が金融資本的なものから導き出せるような性質をもっている。しかし、第一次大戦後のアメリカの諸政策は、それだけではないような気がするな。

第二次大戦後になれば、その点はずっとはっきりする。従来の植民地問題もほとんどなくなり、民族問題も第二次大戦後は非常に変わってきている。そして社会主義と資本主義との対抗的な関係が非常に強く出てくる。しかも、その内容はいろいろの国で違うでしょう。ちょっとこれは現状分析よりないいんじゃないか、と思うんだ。

こうしたことは、ぼくの場合、植民地の解放から受ける印象が非常に強いんですよ。現在、また東南アジアへ投資するとか、の問題もあるが、前のような具合にはいかんでしょう……。ほんというと、ここのところはぼくはあまり勉強していない。それで今、若い人たちに両大戦間の世界経済論をやってもらって、それをみながら、ぼくも勉強しようとしている。この世界経済論は、だいたい現状分析としてやっている。もう段階規定はできないですね。強いていえば、先ほどの管理通貨制だが、これも前にいったように、この政策の背景になる資本形態がないからね。国家になっちゃう。

——金融資本の政策ではないという点をもう少し……。

宇野　たとえば関税だと、鉄鋼業なら鉄鋼業の、農業なら農業の資本がそれを欲する、という関係にあるわけだが、管理通貨制だと、どういう資本が欲するかは分らないですね。だから、残るのは、金融資本が管理通貨制をどう利用するか、ということですよ。

預金とか貸付なども、管理通貨制によるインフレで複雑な影響を受けるね。だが、その影響をもはや資本が自力で調節することはできなくなっている。人が集まって相談して決めても、本来の貨幣の調整機能とは違いますね。これは資本主義の骨を国家が抜いたようなものですよ。

結局、大戦間の世界経済は管理通貨制に移らざるをえないような方向にすすんだわけだが、それは必ずしも金融資本の欲する方向ではなく、金融資本にとっては外的なものであった、ということになる。現状分析で説かねばならない所以ですね。

（日本読書新聞、一九七一年三月二十九日号）

小説を必要とする人間

（対談）河盛好蔵

漱石と鷗外

河盛　きょうは「文学のたのしみ」ということでお話し願いたいのですが、先生は小説がお好きなんでしょう。

宇野　まず好きだね。好きだけれども、ぼくは、絵も音楽も小説も、酒も好きですよ（笑）。

河盛　先生は漱石を愛読されましたか。

宇野　高等学校の時はかなり読みましたがね。だけれども、もういっぺん読んで見ようというほどの感銘は受けなかったようですね。これは自分の好みですから……。

河盛　鷗外はいかがですか。

宇野　鷗外はずっと後になって読んで、実にえらい人だとは思ったんですけれども、非常におもしろいと思ったのは、「澀江抽斎」ですね。あれは明治になってからの方がおもしろかったね。ことに抽斎の子供ですか、ずっと後の生活を書いてなかなかよかったですね。

河盛 たしか三好達治君が、「澀江抽斎」でも、「伊沢蘭軒」でも、鷗外の史伝ものは主人公に関係のある人物は下女下男にいたるまで詳しく書いてある。あれが非常におもしろいといっていましたが……。

宇野 ずいぶんいろいろたどっていって、尋ねて行ってね。あの鷗外の文章は非常に簡潔というか、簡明な文章で、印象が強いんですね。そうして明治維新の影響を受けて、社会的にいろいろ変わってゆく人々の生活の変化が非常におもしろく読めたんです。あの本から明治維新の変化の本質というものが、感じられるように思うんですがね。

河盛 なるほど。「雁」というのがありますね。井伏鱒二君の説によりますと、あれを読んでいると、当時東京が次第に郊外に伸びてゆく様子がよくわかる、というんですが、なるほどと思いましたね。

白樺派のものはいかがでしたか。

宇野 白樺派はずいぶん読んだんですけれども、これに傾倒するという感銘はないですね。ただあの頃の、ヨーロッパ戦争のはじまる前後というのは、日本でいうと、少し明るくなりつつあるという時で、われわれはまあ青年時代であるし、なにか前途に希望を持っているというような、そういう意味で、文学も、陰惨なものを読んでもなにか明るみを先に持っていたような気がするんですが……。

河盛 武者小路さんとか志賀さんというのは？

宇野 それは読みましたけれどもね、その当時はあんまり感銘を受けていないんですね。ただ、西欧文学とか、西欧絵画とかいうものに対する考え方をずいぶん教わったですね。

河盛 「白樺」が西洋の美術を紹介した功績は大きいですね。

宇野 つまり、西洋のなにか明るいものを求めていたような気がするんですね。ドストエフスキーなんか明るいわけじゃないけれどもね。

ドストエフスキーとマルキシズム

河盛 先生がドストエフスキーをお読みになったのは、社会主義に興味をおもちになったためですか。

宇野 社会主義は割合早く知ってたんですけれども、社会主義とドストエフスキーを読むのとどういう関係があるんですかね。しかし後から考えてみると、ドストエフスキーの作品の人物というのは、われわれが描く妄想を現実にやってみせているという気がするんですがね。それがわれわれになにか解放感を味わわせるのじゃないか、そういう感じを受けるんですがね。どうしてあんなに一生懸命読んだかということを後から考えるとね、妄想というようなものがそう不自然でなく現実化してくるというのは、その中に、まあ非常に悪人に見えて善人であったり、善人に見えて悪人であったりするのが出てくるんですが、それが一種の既成の考え方をいっぺんに破るものになるんじゃないですかね。

河盛 それでは高校時代は専ら外国のものをお読みになったんですか。

宇野 日本のものも割合読んでいます。しかし、とくに愛読したというのはドストエフスキーとか、ツルゲーネフとか……。

河盛 大学は東京ですね。大学時代はいかがですか。

宇野 宇野浩二はよく読みましたね、あの人のものはおもしろかったからね。

河盛 わたしなんかも高等学校の時分にずいぶん愛読しました。われわれは関西人ですから、ああいうユーモラスな味がおもしろかったんですね。

宇野 上司小剣、あれは大阪の人で、大体読んでおりますけれども……。

河盛 上司さんは全然別なものですね。

宇野 そうですね。宇野浩二のあの話の魅力というのは、どういうものですかね。話術がうまいというのか、変な雄弁でね。

河盛 宇野浩二さんは病気になられてから、あのとめどもなくしゃべり続けるというおもしろさは、なくなりましたね。

宇野　今度の『芥川龍之介』という本はおもしろかったじゃないですか。あれはちょっと小説じゃないけれども、なにか昔の面影が出ていておもしろかったですね。

河盛　そうですね。対象にぴったりとくっついて、どこまでも掘り下げていくというねばりがありますね。しかもそれが汲めどもつきぬという味わいがあって、あれはおもしろい本ですね。……そうすると、先生は大学時代は専らマルキシズムの勉強をされたわけですね。

宇野　まあ流行でしたからね。高等学校時代にはそういうものを読みたいと思って、多少読みかけていたけれども、なかなか本を読んでもそのなかに入れなかった。大学へ行く時、私は法律をやめて経済学をやろうと思って、それで変わったわけですね。なんとかして本を読みたいと思ってね。そこからとうとう一生こんなことになっちゃった（笑）。

私小説について

河盛　仙台にいらっしゃったのはいつですか？

宇野　大正十三年の秋からです。行ったはじめのうちは、マルクス主義が公然と通ったときですから、それにひきずりまわされたのですけれども。

河盛さん、私小説というのは、いつごろからああいう形になったのですか？

河盛 普通には自然主義文学の流れをくむものと考えられていますが。

宇野 私小説は外国にもあるんですか?

河盛 これはむつかしい問題で、ないといえばないし、あるといえばありますね。だいたいわれわれはフランスの小説をモデルにしすぎるでしょう。そういう考え方からすれば私小説のようなものは外国にはないと思いますけれども、ギッシングなどのイギリスの随筆小説は私小説的なものではないでしょうか。このごろ日本の小説が外国語に訳されますでしょう。そのときこんな私小説(例えば尾崎一雄「虫のいろいろ」)なんか外国人にわからんだろうと一部の人に考えられているようですが、案外読者がある。キーンさんという人の話をききますと、イギリスにもああいうものがあるというのですね。だから決してわからないということはないと言っています。

ところで先生は私小説がお好きですか?

宇野 ずいぶん読みました(笑)。

河盛 私なども結局小説を読んだという気がするのは、どうも私小説の方ですね。

宇野 伊藤整氏のものにしても、女優を主人公にした小説や、新聞に書いた「花ひらく」なんかよりも「海の見える町」のように自分のことを書いた小説の方が楽しく読めますね。どういう秘密があるんでしょうかね。

河盛　伊藤君はヨーロッパの文学に詳しい人で、その手法をよく取りいれていますが、本質は私小説作家の系統に属するんじゃないでしょうか。伊藤君的な変貌をとげた私小説作家ではないでしょうか……。

太宰治のファン

河盛　芥川龍之介はいかがです？

宇野　だいぶん読みましたけれども、どうもあまり好きになれないですね。なかなか上手に書いてあるとは思うんだけれども。あの人のはどうも楽しく読んだ記憶がないですね。どうも私は人間が甘いですからね（笑）。甘いからやっぱり甘い方が好きですね。

河盛　その甘いとおっしゃるのはどういうことなんですか？

宇野　つまり私小説のさわりの部分ね。ああいうものが好きだということでしょう。自分をいじめているようで、そうでない点がね。太宰さんのものも「斜陽」よりも短篇のほうが好きですね。

河盛　ああ、先生は太宰治君がお好きなんだそうですね。

宇野　面白い話があるんですよ。戦後ぼくは妙なことで紙の割当委員になったことがある。それで太宰治氏に多く割り当てたんです（笑）。それで割当委員の方ですっかり太宰ファンで有名になったんです（笑）。どうもこれはプライベートな好みをいれてわるかったかなと思ってね（笑）。

河盛　島木健作君をご存知でしょう。

宇野　ええ。はじめは知らなかったんですが、あとで『中央公論』に小説が当選したときに写真がでてわかったのです。本名はちがうのですが、私の学生だったのです。それであの人が書きだしたときにはわりあいによく読んだのですが、後の「生活の探究」時代はどうもあまり好きになれなかった。ああいう小説はどうも読んで楽しいと思えない。いつか島木君がぼくの所を訪ねてくれたときに、太宰氏の話をしたら、彼はどうも嫌いなんじゃないでしょうかね。いやな顔をして……。

河盛　嫌いかもしれませんね。軽薄だと思って……。

宇野　島木君はあまりシリアスに考え過ぎてね。それはもちろんいいところでしょうけれど、彼は学生時代からそういうタイプでした。

小説を楽しむとは？

河盛　いま、読んでも楽しくないということをおっしゃいましたが、それをもう少しくわしく言っていただけませんか？

宇野　それがなかなか自分にはわからないな（笑）。フランス文学とかロシア文学は、翻訳でだいぶ楽しんだのですけれども。

河盛　そうすると先生は物語や筋の面白いものはあまりお好きじゃないんですね。谷崎さんのものはいかがです。

宇野　とくに面白いというふうには思いません。あれだけ書くということはたいへんなことだと思いますが……。

河盛　そうすると、桑原武夫君のいう〝人生いかに生くべきか〟を教えてくれない小説は面白くないという……。

宇野　さあ、ぼくには小説にいかに生くべきかを求める要求はないね。むしろもっと楽しみたいね。小説家が主人公をこしらえると、その主人公は現実の人間ではないでしょう。ある人間の一面をとって筋の通った人間にするのだろうと思うのですが、筋を通すには現実にいろいろの生活にぶつかって、その結果をリアルに書く、それでリアルに感じられれば筋の通っている点で面白さがでてくると思うのです。それがあまり筋が通りすぎて現実の方がちっともリアルでなくては、これまたつまらない小説になるのではないかという気がするのです。

河盛　なるほど。ごもっともですね。

宇野 リアルな感じを与えられると、ほんとうに自分もそのなかにはいっていっしょになってしまう……それが楽しいのですかね、いっしょにその世界にはいってしまうのが。

河盛 そうですね。私なんかもなぜ小説を読むかというと、結局そういうことですね。

宇野 とくに、こういうふうに生きるべきだという理想的な人物が出てきても困るのですよ。そんなものを作りあげていかに生きるべきだといっても、また社会組織がどうだと教えられても、これはどうも楽しくないですね。

河盛 中野重治君のものは？

宇野 あれは面白いですね。ことに最近のものは面白く読みました。

河盛 ぼくも非常に好きですね。

宇野 昔書いたものも面白い。中野さんや林芙美子さんには、詩がありますね。

河盛 ええ、中野君は詩人としても抜群の才能でした。あの人は本質的に詩人ですね。井伏鱒二君はどうですか？

宇野 井伏さんはあまり読んでいないのです。あそこまで読むのがほんとうの小説好きなのかもしれないけれども。

河盛 面白いですよ、あの人は。私なんかたいへん愛読していますが、きっと先生もお好きになると思います。

先生は文章というものを気にされますか。たとえば正宗さんなんかうまいですね。あの人の書くものは非常にうまい文章だと思いますけれども。ほんとうに文章がうまいというのは頭がいいということではないですかね。

宇野　全体から受ける感じということになると、徳田秋声なんかうまいのでしょうね。だけど個々の文章を読んでいて、気になりだすと、いったいこの文章がうまいのかしらと思ったりして……。

河盛　谷崎さんのものでも、こんどの「幼少時代」なんかうまい文章だと思いますね。

宇野　うまいですね。個々の文章というよりも、ひとつのコンストラクションですね。

河盛　言葉に対する感じの鋭い人と、鋭くない人がありますね。その点では徳田さんなんか敏感という方ではないのでしょうね。

宇野　なるほどね。言葉の選択がですね。

河盛　しかし言葉の選択がやかましいということは、小説家としてうまいということとは別問題だと思います。芥川は敏感ですが、あの人の小説がうまいかどうか。やっぱり徳田さんの方が小説家としてうまいのではないでしょうかね。

宇野　全体の感じとしてちゃんとできてますからね。

河盛　いまの小説家で文章がうまいというのは、中野重治、井伏鱒二、石川淳といった人たちでしょう。

モームは人生の達人

河盛　先生はモームがお好きだそうですね。

宇野　これはまたちょっとちがって、物語が好きなのかもしれない。そのなかにあの人の偉い点がある。

河盛　モームに「作家の手帖」というのがありますが、実に面白いのですよ。あれを読むと彼は人生の達人だと思いますね。

宇野　なにもかも知りつくした……非常によく勉強しているんだね。

河盛　そういうところが彼の小説にでていますね。ぼくは中野好夫君に、君の紹介しているモームは、君よりは大分偉いようだと言いますと、「バカを言え、おれとモームは紙一重だ」と言いましたよ（笑）。

宇野　僕は「月と六ペンス」を名古屋へ講義に行ったときに汽車のなかで読んでなかなか面白かった。「人間の絆」も面白かった。中野君にあと何を読んだらいいかと言ったら「劇場」を読めという。これも面白かった。しかし「要約すると」を読んでからなにか親しみがなくなっちゃった。あの人は本気で書いているのでしょうけれども、しまいにはなにかこっちが手玉にとられているような気がしてね……しかし偉い人ですね。

河盛 偉いですね。ああいう作家は日本にはちょっと出ないでしょうし、出ても通俗作家にされてしまいますね。現にわが国のオーソドックスな英文学者はモームをあまり高く買っていないでしょう。フランスでは非常に歓迎されていますね。

小説を読まずにはいられない

河盛 ところで、いまでも先生は小説をしょっちゅうお読みになっていますか？

宇野 ええ、まあときどき……枕元に雑誌かなんか置いているわけです。

河盛 ヴァレリーは、詩というものは誰にでもわかるものだ。ただ詩を必要とする人としない人との区別がある。ブルジョアにも詩はよくわかるけれども、彼等は詩を必要としない、と言っていますが、小説についても同じことが言えると思うんです。小説なんか誰にでもわかるものです。ただ世の中には小説を読まないでもすましうる人と、読まずにはいられない人との区別があると思うのです。私なんかは小説がなければ困る方ですが、先生もそうですか。

宇野 まあそうでしょうね。家では評判がわるいのです。何もしないで小説ばかり読んでいるものですから、少し手伝いでもしてくれればいいなんて言われてね（笑）。

河盛　しかし、小説を読まずにはいられないというのはどういうことなんでしょうか。

宇野　どういうんでしょうね。これはむしろ河盛さんにききたいのですが。

河盛　いや、それを先生からお聞きするのが、今日の対談の目的なんです（笑）。

宇野　ぼくはこういう持論を持っているのです。少々我田引水になるが、社会科学としての経済学はインテリになる科学的方法、小説は直接われわれの心情を通してインテリにするものだというのです。自分はいまこういう所にいるんだということを知ること、それがインテリになるということだというわけです。経済学はわれわれの社会的位置を明らかにしてくれるといってよいでしょう。小説は自分の心理的な状態を明らかにしてくれるといってよいのではないでしょうか。読んでいて同感するということは、自分を見ることになるのではないでしょうか。

河盛　これはなかなかいいお話ですね。つまり小説によって人間の条件がわかるわけですね。

宇野　ええ、そうです。われわれの生活がどういう所でどういうふうになされているかということが感ぜられるような気がするのです。小説を読まないでいると、なにかそういう感じと離れてしまう。日常生活に没頭していられる人であれば、何とも感じないでいられるかもしれないが、われわれはそうはゆかない。自分の居場所が気になるわけです。

河盛　なるほど、たしかにそうですね。同時に自分の居場所がしょっちゅう気になる人間と、そういうことを問題にしない人がいるわけですね。政治家とか実業家とかいう連中は、問題にするとぐあいのわるいことができてくるんでしょう。つまりわれわれと無縁な人たちなんですね。

宇野　いまの実業家にも、政治家にも、そういう人がだんだんと多くなっているのだと思いますが、われわれのように学問を職業にしていると、いつもそういうことを感じないではいられないのです。

河盛　それはたしかにそうですね。こういうことはいえませんか。実業家や政治家は絶えず実社会に接触しているという自信があるわけですね。それで小説なんかバカらしいものだと思っているんですが、ほんとうは彼ら自身の世界のなかにしかいないので、むしろ小説を読んだ方が自分たちの居場所がよくわかっていいのです。自分たちが宙に浮いていることがよくわかるのです。すぐれた小説を読まないために彼らにはいい政治ができないのではないですかね。

宇野　まあやはり実践的な活動を始終していると、そういうことを考慮する時間もないし、それでまたある程度はいいのでしょうが、しかし私の考えでは政治家にしてもそういう自分の居場所のわかるインテリになってもらいたい。インテリだったらナチスのようなことはできないのではないかと思うのです。あれは非常に簡単に実践的な面を考えて、なんでもできるという考え方からやる点で最もインテリでないものの政治といっていいと思うのです。

河盛　それはたしかにそうですね。

宇野　ぼくの経済学もすぐ役に立たないのですが、経済学も直ちに役に立つものとして使われるとなると、ナチス流になるといってよいのです。もちろん経済学の本来の目的は政治に役立つためにあるのですが、それは結局われわれの社会がどういうものであるかを明らかにするということにあるので、すぐ技術的に使うためにあるのではない。この点ここで詳しく述べるわけにはゆかないのですが。

河盛　文学もそうでしょうね。あの「静かなるドン」ですが、あれは実にえらい小説ですが、あのなかには、ソ連の指導者とか軍人なんかを、批判して書いているので、あれがでてきたときは、ショーロホフが失脚しかけたことがあるそうです。それをカバーしたスターリンは、文学のほんとうの効用というものをよく知っていたのでしょう。

宇野　政治的目的から文学をどうこういうのは、これはやっぱりその時の事情によることと思いますが、正しいことではないし、いつかはまた変えられなければならないことになるでしょう。ですから長い眼でみれば、やっぱり一時はそういうことがあっても、なくなることと思います。学問でもやはり同じだと思います。ソ連にしても経済的基礎が確立していって政治が落ちついていてくれば、学問も芸術も軌道に乗るのではないかと思っています。それはともかく、小説にしても学問にしても政治的な理由や目的で利用するというのは、下の下の政策ですね。

河盛　ええ、そうだと思いますね。どうもいろいろ面白いお話を有難うございました。

（『知性』、一九五六年三月号）

解説　戦後日本思想としての宇野理論

白井　聡

宇野弘蔵の理論とは何かを語るのは本書の本文部分に譲ることとして、マルクス思想・マルクス主義とは何であるのかを本書を通じて知りたいと望んでいる読者を念頭に、戦後日本の知識空間においてマルクス思想・マルクス主義が果たした役割と、その過程での宇野理論の位置づけについて、ここでは考えてみたい。

戦前戦中期に過酷な弾圧を受けてきたマルクス主義の思想と実践は、戦後民主主義の一応の確立によって、法的に公認されたものとなった。それは政治的には日本共産党および日本社会党を基軸として勢力となっていくが、特筆すべき戦後日本の特徴は、マルクス主義が知識人のあいだで、また大学のような知の制度において獲得した独特の地位である。自身がマルクス主義者ではなかった丸山眞男は、マルクス主義が近代日本の知的風土において果たした役割について、次のように述べている。

第一に日本の知識世界はこれによって初めて社会的な現実を、政治とか法律とか哲学とか経済とか個別的にとらえるだけでなく、それを相互に関連づけて綜合的に考察する方法を学び、また歴史について資料による個別的な事実の確定、あるいは指導的な人物の栄枯盛衰をとらえるだけでなくて、多様な歴史的事象の背後にあってこれを動かして行く基本的導因を追求するという課題を学んだ。……マルクス主義の一つの大きな学問的魅力はここにあった。(『日本の思想』)

マルクスの遺した仕事は、狭義には経済学、資本主義経済の分析であった。しかし、それは経済現象に対する単なる分析ツールとしては受け止められなかった。丸山が言ったように、マルクス主義は、あれこれの現象を統一的なパースペクティヴのもとに首尾一貫した形で解釈することを可能とする、言い換えれば、世界解釈のための確固たる基礎となる世界観を与えうる、ほとんど唯一の思想として現れたのである。その理由は一言では尽くせないが、最重要の要因は、マルクス理論が、経済の分析にとどまらず、解放の形而上学、目的論的歴史哲学の側面を含み持っていたことに見出されるべきであろう。革命によって資本制社会を揚棄し、近代の被搾取者階級＝プロレタリアートを最終的に解放することで「人類の前史」を終結させるという壮大なユートピア的展望が、宗教的願望としてではなく、近代資本制社会の構造分析とともに打ち出されたこと——ここに、マルクス主義思想の他に類を見ない知的影響力の淵源があった。

だが、このようなマルクス主義自体が有する知的魅力と、それが知識世界で多大の影響力を持つに至ったことは、あくまで別の事柄であり、そこに戦後日本の知識世界の世界的に稀な特異性がある。その特殊性とは、マルクス主義の知的伝統が文化的ヘゲモニー（アントニオ・グラムシ）を獲得したことである。この際のヘゲモニー（覇権）とは、ある特定のイデオロギーが、その確信的信奉者という狭い範囲を超えて、制度による裏づけに支えられる形で広範に共有される知の前提として機能するという事態を指す。すなわち、マルクス主義の中核となるマルクス経済学が、大学の経済学部において一般に教授される学問分野となったことがその象徴である。そして、丸山が指摘したように、マルクス主義思想は、狭義の経済学にとどまり得ず、諸学にまたがる統一的視座を与えるという性格を内在的に持っている。したがってそれは、歴史学、政治学、社会学といった経済学ともともと関連の深い分野のみならず、文学や自然科学の領域に至るまで、強い影響力を持った。マルクス主義は、戦後日本の知識社会において、いわば制度内在化されたのである。

ゆえに、マルクス理論は、体制の側の言説としても機能していたことが指摘されねばならない。そしてその中心に、宇野理論はあった。すなわち、東京大学経済学部を中心に

「宇野学派」が形成され、そこでは当然宇野理論に基づくマルクス経済学が教授された。東大経済学部が宇野派の牙城であったという事実は、よく考えれば驚くべき事柄である。なぜなら、東大とは、戦前戦後一貫して官吏を養成するための学校であるからだ。資本主義国日本で将来官吏となる学生が、こぞってマルクス経済学を学ばなければならなかったという状況の特異性に注意が払われるべきである。それは言い換えれば、現体制を管理・支配する側に立つ人間が、現体制を根底的に否定することを目指す学問に、制度的に必然的に接しなければならなかった、ということである。

こうした状況は、大日本帝国においてマルクス理論が国家権力によってどう扱われたのかということと比較してみれば、あまりにも対照的である。大正末期から昭和初期の時代に、東大新人会を拠点としてマルクス主義がエリート予備軍のあいだに燎原の火のごとくに広がっていったとき、これに戦慄せしめられた国家権力は満身の力を揮って踏み潰した。戦後の日本政府は、もはや同じ行動は取れなかった、あるいはもっと正確に言えば、取る必要がなかった。

その理由を考えるためには、マルクス主義の知識世界への浸透という状況が、冷戦構造下で同じ自由主義陣営に属する諸国家の状況との比較において特異なものであったことを確認する必要があるだろう。宇野理論に限らずマルクス経済学一般が、大学の講座においてこれほど勢力を伸張した国家は、他になかったと思われる。マルクス理論についての知識が教養人の常識として根付いている西ヨーロッパはまだしも、アメリカではマルクス経済学は端的に「敵性国家の学問」であり、ソ連崩壊後のいまも経済学部で教えられる学問ではない。あるいは、地政学的に日本と近い状況に置かれた国・地域の状況を見てみよう。例えば、アジアでの冷戦構造のまさに最前線に位置した韓国では、『資本論』は一九八〇年代末に至るまで禁書扱いであった。

これらの事例が示すのは、戦後日本でのマルクス研究の発展は、自然でも当然でもなかった、ということだ。それは一定の条件を必要としていた。つまり、戦後日本のアカデミズムでマルクス経済学が隆盛の時代を迎え得たことは、自由民主主義の建前によって学問・思想の自由が法的に担保され、かつ冷戦構造の本当の最前線ではないという地政学的事情によってマルクス思想の研究が社会的・政治的に許容されていた、という特殊な状況によって支えられていた。そして、その中心に位置したものが宇野理論にほかならず、それは国家の支配機構の中核部に入ろうとする人材にとっても接触せずには済ませられない存在となった。かくして、先に述べたように、宇野理論を中心とするマルクス経済学は、戦後日本という空間において文化的ヘゲモニーを獲得したのであった。

この状況は、マルクス主義が国是となった社会主義圏の諸国家における状況とももちろん異なっていた。これらの国々では、マルクス解釈の仕方が政治的に規定されたために、解釈者たちは官許マルクス主義・国家宗教としてのマルクス主義の範囲内で解釈することを要請された。その結果、創造的読解の道は封じられ、知的野心を持つ者たちにとってマルクス理論は真剣な関心の対象から外れてしまった。つまり、これらの国々では、マルクス主義が唯一公認のイデオロギーとして文化的ヘゲモニーを表面上は獲得しながらも、深層においてはそのヘゲモニーは空洞化していったのであった。

このようにマルクス理論が制度内在化された一方で、それは依然として革命思想としての「毒」を失わなかった。そして、またここでも、宇野理論は歴史過程の中心に位置しているのである。本書でも幾度か言及されているが、宇野弘蔵は、マルクス経済学を「科学」として純化すること、すなわち『資本論』に展開された理論を「革命の物語」としてのマルクスの歴史哲学から切り離すことに心血を注いだ。言い換えれば、宇野はマルクス思想を「革命の哲学」として練り上げることに対しては極端なまでに慎重であった。批判的であったとすら言える。しかし、それにもかかわらず、否それゆえに逆説的にも、宇野理論は、戦後日本の革命思想――しかも、そのうちで最も行動的であった集団の思想――の主要構成物として機能するという数奇な運命をたどることになる。一九六〇年の安保反対闘争を契機として始まり、六〇年代全般を通して高揚した新左翼運動において用いられた語彙は、しばしばきわめて「宇野的」なもの、つまり宇野理論から流用されたものだった。マルクスの理論をユートピアの約束から決定的に切断しようとする宇野の知的ラディカリズムは、それとは正反対の行動におけるラディカリズムを間接的に生み出した。今回本書に収められた「原理論の方法と現状分析」と題するインタビューでは、こうした状況に対する宇野弘蔵の若干の困惑がうかがえるのであり、貴重なドキュメントとなっている。なお、なぜかかる逆説的出来事が生じ得たのかについて、筆者は若干の考察を試みたことがある。興味のある読者は、拙著『「物質」の蜂起をめざして――レーニン、〈力〉の思想』（作品社、二〇一〇年）の第七章「経済学と革命――宇野弘蔵におけるレーニン」を参照していただきたい。

しかし、宇野理論が築いた地位は、次第に変化してゆく。一九七七年に宇野は世を去るが、その影響力が低下していった理由は、社会情勢の歴史的変化、それに伴う文化的ヘゲモニーの変遷に求められるべきであろう。戦後日本社会の大衆的富裕化は、一九八〇年代のバブル時代にひとつの頂点を迎える。それがもたらした「空気」は、宇野理論のみならずマルクス主義全般への関心低下に帰結した。そして、そこに追い討ちをかけたのが、ソ連を筆頭とする社会主義陣営の崩壊であった。本来マルクスの経済分析は、資本主義経済の分析であって、社会主義社会の経済原理を積極的・具体的に展開したものではない（それゆえ、マルクスの主著は『資本論』なのである）。したがって、マルクス主義を国是として奉ずる自称社会主義の国家体制が存在しようがしまいが、それはマルクスの学的業績の正当性には何の関わりもないのにもかかわらず、現存社会主義体制の崩壊は「マルクスは終わった」という政治的プロパガンダを俗耳に入り易いものとした。一九九六年に大学に入学した私の個人的経験から言えば、当時宇野弘蔵の名を口にする先輩も教師も、私の周囲にはいなかった。

かくて、戦後日本社会でかなりの程度確立されてきたマルクス主義の文化的ヘゲモニーは、失われていった。それに取って代わったのがネオリベラリズムのヘゲモニーである。今日、マルクス経済学の「マ」の字も知らなくても、大学を卒業できることはもちろん、国家公務員試験に合格して高級官僚になることもできる。マルクス主義のイロハすら知らなくても恥ずかしくも何ともないという世の中になった。こうした状況は日本のみならず世界的な現象であるが、万事において競争原理を導入しさえすればあらゆる問題は解決できるという単細胞思考に基づいた施策が現実世界で繰り返し失敗し、ネオリベラリズムの教義が現実によって幾度否定されようともこの教義が死なないという現象を目にするとき、われわれは文化的ヘゲモニーの持つ強大な力を実感せざるを得ないと同時に、文化的ヘゲモニーの交替によって知性の一般的レベルがどれほど低下したのかを、痛感せざるを得ない。富裕層への累進課税の提言があたかも画期的な主張であるかの如く大々的な注目を受けている状況（世界的なピケティ・ブーム）は、こうした知的惨状を鮮やかに映し出している。

さて、宇野弘蔵のマルクス学者としての特徴やその魅力について語るには、紙幅の余裕が尽きてしまった。宇野理論のマルクス解釈としての特徴についてさらに知るためには、本書をきっかけとして『経済原論』（岩波全書）をはじめとする宇野の主要著作に目を通していただきたい。本書から推測されようが、宇野のテクストは簡単に読めるものではない。しかし、私は請け負ってもいいが、それらは格闘するに値するものだ。

私がそう断言する根拠をひとつだけ挙げるならば、それは宇野弘蔵の全著作を貫いている知的ラディカリズム（徹底性）である。宇野は、若き日に『資本論』とレーニンの『帝国主義論』から得た知的インスピレーションを終生手放さなかった。『資本論』は「経済原論」（資本主義経済の原理を抽出するもの）であり、『帝国主義論』は「段階論」（資本主義の発展が通過する歴史的段階を明らかにするもの）であるという直観からすべてが始まり、そこに徹底的にこだわるところから、宇野三段階論（原理論・段階論・現状分析）と呼ばれる彼の経済学の全体系が導き出された。その体系は、日本の社会科学において他に例を見ない高度な構築性を有している。要するに、宇野の思索の歩みは、稀有なまでに執拗だった。私は、この執拗さに、宇野弘蔵という思想家の体力と体温のようなものを感じるのである。

「マルクスの言葉を鸚鵡返しに繰り返すのではなく、マルクスの求めたところを求めよ」とは、宇野が後進に向かって幾度も語った警句である。言い換えれば、マルクスを受け継ぐこととは、マルクスの言葉を伝達することではなくて、「マルクスと共に考えること」なのだ、と。一見すると何気ない主張だが、宇野は死者と生者の境界線をさりげなく飛び越えている。すでにこの世にないマルクスと共に考えること、知性の塊であったマルクスと共に考えるからこそ、どこまでも徹底して執拗な思索が可能になるのであり、それは個性的かつ高度な構築性を持った体系に結実した。

東北大学の教員時代、宇野は学生新聞のインタビューで「読んだ本、読みたい本、読ませたい本」を挙げるよう依頼され、こう答えたという。「『資本論』を読んだ、『資本論』を読みたい、『資本論』を読ませたい」、と。私は、このような回答をする宇野の知性の在り方に限りなく魅せられる。あの飄々とした風貌・態度とは対照的な執拗さ、その体力は、一体どこから出てくるのか、と。嘆かわしいことに、その強靭な知性の運動の価値が顧みられる機会は、今日あまりに少ないのである。だがしかし、宇野が「マルクスと共に」思索したのと同じように、われわれが「宇野と共に」思索することができるようになるならば、広範な普及から忘却の淵へ沈むという宇野理論のたどった数奇な運命は、再び動き始めるに違いない。

本書は一九七五年九月、東京大学出版会より刊行された。

なお、著者名の表記は正確には宇野弘藏であるが、今回の文庫化に際しては、著作権継承者の了解のもと、宇野弘蔵に統一した。

革命について

ハンナ・アレント
志水速雄訳

《自由の創設》をキイ概念としてアメリカとヨーロッパの二つの革命を比較・考察し、その最良の精神を二〇世紀の惨状から救い出す。（川崎修）

暗い時代の人々

ハンナ・アレント
阿部齊訳

自由が著しく損なわれた時代を自らの意思に従い行動し、生きた人々。政治・芸術・哲学への鋭い示唆を含み描かれる普遍的人間論。（村井洋）

資本論を読む（全3巻）

ルイ・アルチュセール他
今村仁司訳

マルクスのテクストを構造論的に把握して画期をなした論集。のちに二分冊化されて刊行された共同研究（一九六五年）の初版形態の完訳。

資本論を読む 上

ルイ・アルチュセール他
今村仁司訳

アルチュセール、ランシエール、マシュレーの論文を収録。古典経済学の「問い」の構造を問い直し、『資本論』で初めて達成された「科学的認識」を剔抉。

資本論を読む 中

ルイ・アルチュセール他
今村仁司訳

アルチュセール「『資本論』の対象」を収録。マルクスのテクストが解析した「対象」の構造を明かし、イデオロギー的歴史主義からの解放を試みる。

資本論を読む 下

ルイ・アルチュセール他
今村仁司訳

マルクス思想の《構造論》的解釈の大冊、完結。バリバール「史的唯物論の根本概念について」、エスタブレ「『資本論』プランの考察」を収載。

哲学について

ルイ・アルチュセール
今村仁司訳

カトリシズムの救済の理念とマルクス主義の解放の思想との統合をめざしフランス現代思想を領導した孤高の哲学者。その到達点を示す歴史的文献。

スタンツェ

ジョルジョ・アガンベン
岡田温司訳

西洋文化の豊饒なイメージの宝庫を自在に横切り、愛・言葉そして喪失の想像力が表象に与えた役割をたどる。21世紀を牽引する哲学者の博覧強記。

プラトンに関する十一章

アラン
森進一訳

『幸福論』が広く静かに読み継がれているモラリスト、アラン。卓越した哲学教師でもあった彼が平易かつ明快にプラトン哲学の精髄を説いた名著。

経済政策を売り歩く人々
ポール・クルーグマン
伊藤隆敏監訳
北村行伸／妹尾美起訳

マスコミに華やかに登場するエコノミストたち。実はインチキ政策を売込むプロモーターだった！　危機に際し真に有効な経済政策がわかる必読書。

クルーグマン教授の経済入門
ポール・クルーグマン
山形浩生訳

経済にとって本当に大事な問題って何？　実は、生産性・所得分配・失業の3つだけ!?　楽しく読めてきちんと分かる、経済テキスト決定版！

自己組織化の経済学
ポール・クルーグマン
北村行伸／妹尾美起訳

複雑かつ自己組織化している経済というシステムに、複雑系の概念を応用すると何が見えるのか。不況発生の謎は解ける？　経済学に新地平を開く意欲作。

貨幣と欲望
佐伯啓思

無限に増殖する人間の欲望と貨幣を動かすものは何か。経済史、思想史的観点から多角的に迫り、グローバル資本主義を根源から考察する。（三浦雅士）

シュタイナー経済学講座
ルドルフ・シュタイナー
西川隆範訳

利他主義、使用期限のある貨幣、文化への贈与等々。シュタイナーの経済理論は、私たちの世界をよりよくするヒントに満ちている！（福田邦夫）

発展する地域　衰退する地域
ジェイン・ジェイコブズ
中村達也訳

地方はなぜ衰退するのか？　日本をはじめ世界各地の地方都市を実例に真に有効な再生法を説く、地域経済論の先駆的名著！（片山善博／塩沢由典）

ドーキンス vs. グールド
キム・ステルレルニー
狩野秀之訳

「利己的な遺伝子」か「断続平衡説」か？　両者の視点を公正かつ徹底的に検証して、生物進化における大論争に決着をつける。（新妻昭夫）

自己組織化と進化の論理
スチュアート・カウフマン
米沢富美子監訳
森弘之ほか訳

すべての秩序は自然発生的に生まれる、この「自己組織化」に則り、進化や生命のネットワーク、さらに経済や民主主義にいたるまで解明。

不思議の国の論理学
ルイス・キャロル
柳瀬尚紀編訳

アナグラム、暗号、初等幾何や論理ゲームなど、キャロルの諸作品から精選したパズル集。華麗な〝本や苦〟離れ技をご堪能あれ。（佐倉統）

ちくま学芸文庫

資《し》本論《ほんろん》に学《まな》ぶ

二〇一五年二月十日　第一刷発行

著　者　宇野弘蔵（うの・こうぞう）

発行者　熊沢敏之

発行所　株式会社　筑摩書房

東京都台東区蔵前二―五―三　〒一一一―八七五五

振替〇〇一六〇―八―四一二三

装幀者　安野光雅

印刷所　中央精版印刷株式会社

製本所　中央精版印刷株式会社

乱丁・落丁本の場合は、左記宛にご送付下さい。
送料小社負担でお取り替えいたします。
ご注文・お問い合わせも左記へお願いします。

筑摩書房サービスセンター
埼玉県さいたま市北区櫛引町二―六〇四　〒三三一―八五〇七
電話番号　〇四八―六五一―〇〇五三

ISBN978-4-480-09656-2 C0133